RIKKAAKSI

1 Painos — *2016*

BONUS
- Videovinkit
- Osakesäästäjän, Asuntosijoittajan, Rahastosäästäjän, lottovoittajan ja vaurastujan- huoneentaulu
- Rikkaiden kuusi salaisuutta

❖ **PASSIIVINEN TULO**
❖ **TALOUDELLINEN VAPAUS**
❖ **PITKÄ, TERVE JA RIKAS ELÄMÄ**

PETTERI KALLIO

SUOSITTU VASTAUSPALVELU KIRJAN OSTANEILLE!

Opas rikkaaseen elämään

Opas rikkaaseen elämään

Rikkaaksi -kirja

Opas rikkaaseen elämään

Rikkaaksi

Passiivinen tulo
Taloudellinen vapaus
Pitkä, terve ja rikas elämä

PETTERI KALLIO

Opas rikkaaseen elämään

Copyright © 2016 Petteri Kallio & Co sekä www.rikkaaksi.fi

Kaikki oikeudet pidätetään. Tämän julkaisun tai sen osan jäljentäminen ilman tekijän kirjallista lupaa painamalla, monistamalla tai muulla tavoin on tekijänoikeuslain mukaisesti kielletty.

Kirjassa esitetyt ohjeet ja neuvot ovat kirjailijan ajatuksia. Ohjeiden ja neuvojen noudattaminen tapahtuu aina lukijan omalla vastuulla.

Ensimmäinen versio.

Yhteydenotot kirjaan liittyen.

info@rikkaaksi.fi

http://www.rikkaaksi.fi

LUKIJALLE

Tämä on kirja pääasiassa rahasta. Raha näyttelee tärkeää roolia meidän jokaisen elämässä. Raha ja sen tarve ei katso ikää tai sukupuolta. Raha aiheuttaa suuren osan riitoja, avioeroja, kateutta ja yleensäkin voimakkaita tunteita. Raha tarjoaa myös paljon positiivisia asioita elämäämme. Raha itsessään kiinnostaa jo pikkulapsia. Rahaa on helppo laskea ja mitata. Yleisimmät unelmat liittyvät suurten rahamäärien saavuttamiseen nopeasti, esimerkiksi loton kautta. Kuvitelmissa raha ratkaisee lähes kaikki ongelmat.

Sinä olet valinnut tämän kirjan käteesi seuraavista syistä:

- *Olet päättänyt saavuttaa taloudellisen riippumattomuuden*
- *Olet kyllästynyt tulotasoosi*
- *Haluat ymmärtää paremmin rahaa*
- *Sinulla on velkaongelmia*
- *Olet kyllastynyt tienaamaan rahaa työssäkäynnillä*
- *Olet kiinnostunut luomaan passiivista tuloa*
- *Etsit ajatuksia parempaan elämään*
- *Kiinnostuit kirjasta kannen perusteella*

Mikäli yksikin yllä olevista pitää paikkaansa, jatka lukemista sillä tämä kirja on sinulle kirjoitettu. Tarina vaurastumisesta, joka on mahdollista jokaiselle. Ajatuksena on, että pelkästä rahan säästämisestä ja yksinkertaisten, toistuvien sijoitusneuvojen antamisesta on vähän hyötyä lukijalle. Tämän vuoksi olen tehnyt parhaani avatakseni oven sinulle omaan filosofiaani rahan suhteen.

Olisi mielestäni turhaa kirjoittaa jälleen uusi kirja, joka kehottaa ostamaan osakkeita ja säästämään tietyn summan palkasta. Nämä asiat ovat osaltaan myös käsitelty kirjassa, teen kuitenkin parhaani muuttaakseni ajatusmaailmaasi rahan suhteen.

Opas rikkaaseen elämään

Vaurastuminen on helppoa, niin pitkään kun teet oikeita asioita. Yksinkertaisin tapa vaurastua ja lopulta saavuttaa taloudellinen riippumattomuus on seuraava:

"Tee samaa mitä muut vaurastuneet ovat tehneet."

Periaatteet ovat lopulta kaikki hyvin yksinkertaisia, tapamme ja tottumuksemme lopulta määrittävät taloudellisen asemamme. Kopioimalla muita vauraita henkilöitä, heidän toimintamallejaan on myös sinulla hyvät mahdollisuudet päätyä lopulta varakkaaksi.

Tämä kirja perustuu käytännön kokemuksiin. Kirjan esimerkit ovat todellisesta elämästä. Haastattelut perustuvat todellisiin henkilöihin nimimerkkien takana. Heidän tarinansa on kannustanut meitä toimimaan entistä päämäärätietoisemmin taloudellisen riippumattomuuden saavuttamiseksi.

Tavoitteena meillä jokaisella tulisi olla hallita ympärillämme pyörivä *"rahapeli"*. Kuten jokaisessa pelissä, on syytä ensin opetella säännöt. Mitä paremmin tunnemme säännöt, sitä enemmän meillä on mahdollisuuksia onnistua. Riskien ottaminen mahdollistuu, kun tiedät kuinka rajata riskejä. Velan käyttö varallisuuden kasvattamisessa onnistuu kun ymmärrät mitä riskejä sitoumuksiin liittyy.

"Rahapelin" säännöt on osattava, jotta voisit pelata peliä.

Lähtökohtaisesti kirja pyrkii opettamaan ja luomaan uskoa parempaan tulevaisuuteen rahan suhteen. *Asenne* on oltava kohdallaan jo alusta lähtien. Jos ajattelet epäonnistuvasi ja valittelet kuinka surkeasti raha-asiasi ovat, näin varmasti tulee olemaan myös jatkossa.

Asenne rahaa kohtaan on oltava kohdallaan.

Ensimmäinen asia, joka jokaisen tulee saada kuntoon on *asenne* rahaa kohtaan. Arvosta rahaa, ymmärrä kuinka se toimii ja kuinka sitä tehdään. Raha ei ole vain hetkellisen

Opas rikkaaseen elämään

nautinnon saamista ostamalla ja kuluttamalla. Raha on yksi peruspilareista onnelliselle elämälle. Rahalla, tai sen puutteella, on mahdollisuus tehdä meidät onnelliseksi tai onnettomaksi. Raha ei ole kaikki kaikessa, eikä lopullinen päämäärä. Elämässä on lopulta tärkeämpiä asioita kuin rahan tekeminen. Harva meistä viime hetkillään miettii tilanteita, joissa olisi voinut tehdä pienen lisätuoton ja yleensäkin enemmän rahaa elämänsä aikana.

Toivottavasti tämä aloitusteksti sai sinut kiinnostumaan ja jatkamaan lukemista. Kirja on kirjoitettu ajatuksilla, joihin itse uskon ja joiden olen huomannut toimivan myös käytännössä.

Kirjat, joissa kirjan kirjoittaja referoi vain toisten ajatuksia ja antaa ohjeita mahdollisimman yleisellä tasolla eivät *motivoi* lukijaa toimintaan. Samoin ne eivät kerro niistä ongelmista, joita tulet kohtaamaan.

Muista, pelkkä lukeminen ja tiedon keryttäminen ei tee sinusta rikasta taloudellisesti saati henkisesti. *Toiminta*, action on aloitettava hetimmiten, eikä sitä tule lykätä hetkeäkään huonojen tekosyiden varjolla.

Toivottavasti tämä kirja saa sinut myös heräämään ja ajattelemaan rahaa eri tavoin kuin nykyisin. Toivottavasti kirjan ostohinta tulee maksamaan itsensä monituhatkertaisesti itsensä takaisin. 5 € x 5000 = 25 000 €. Toivottavasti kirjasta on niin paljon iloa ja hyötyä, että haluat esimerkiksi myös puolisosi lukevan sen.

Toivottavasti saat raha-asiasi kuntoon ja rikastut! Rahakkaita ajatuksia kirjan parissa! Miljoona kiitosta sinulle!

Ps. Tulostusohje: Käytä *booklet* muotoa tulostimen asetuksista ja saat tulosteen näyttämään kirjalta nitomalla keskiosan vielä yhteen.

Pss. Kirja sisältää karkeita olettamuksia ja kustantajan vielä sensuroimattomia kommentteja. Kirja on pääasiassa kylmästi vain rahasta ja sen tekemisestä, muu rikas elämä on *höysteenä*.

Kirjan ensimmäinen versio, Tuusulassa, Heinäkuu 2016.

Petteri Kallio

SISÄLLYS

1 Millaisen elämän haluat 10
   1.1 Tavoitteet 13
   1.2 Aika 15
2 Ajatukset rahasta 17
   2.1 Köyhien köyhäilyä 18
   2.2 Keskiluokan kulutusjuhlaa 22
   2.3 Vauraat ja taloudellisesti hyvinvoivat 26
   2.4 Vertailutaulukko 30
3 11 Parasta tapaa säästää 31
   1 Asuminen 32
   2 Auto 33
   3 Sijainti 34
   4 Tilaukset 34
   5 Syöminen 35
   6 Tupakointi ja alkoholi 35
   7 Sosiaalinen paine 35
   8 Kaikki heti nyt -asenne 36
   9 Kirjat 36
   10 Parturointi 36
   11 Uuden ostaminen 37
4 Taloudellinen vapaus 38
   4.1 Taso 0 – Riippuvuus 39
   4.2 Taso 1 – Maksukykyisyys 39
   4.3 Taso 2 – Vakaus 39
   4.4 Taso 3 – Hallinta 39
   4.5 Taso 4 – Turvallisuus 40
   4.6 Taso 5 – Riippumattomuus 40

4.7 Taso 6 – Yltäkylläisyys ... 40
5 Reseptini vaurastumiseen ... 42
   5.1 Osakkeet ja sijoittaminen ... 42
   5.2 Sijoitusasunnot ... 44
   5.3 Internet ... 46
   5.4 Palkkatyö ... 47
   5.5 Säästämisaste ... 48
   5.6 Toimintasuunnitelma ... 48
   5.7 Ajankäyttö ... 49
6 Ensimmäinen 100,000€ ... 51
7 21 vihjettä vaurastumiseen ... 54
8 Tutkimus rahasta ... 60
   8.1 Kyselytutkimuksen kysymykset ... 63
   8.2 Kyselytutkimuksen vastaukset ... 64
9 Rikkaiden kuusi salaisuutta ... 69
10 Poiminnat ... 74
11 Sijoitusteni kertyminen ... 77
12 Rahantekoideoitani ... 90
13 Lukemista ... 94
14 Liittyvät tuotteet ... 97
   14.1 Sijoitusasuntolaskuri ... 97
   14.2 Alennuskoodi ... 97
15 Kirja-arvostelu ja Affiliate ... 98
   15.1 Kirja-arvostelu ... 98
   15.2 Affiliate –ohjelma ... 98
16 Videovinkit ... 99
17 Lähteet ... 103
18 Excelit ... 104
19 Muistiinpanoja ... 105
20 Liitteet ... 109

1 MILLAISEN ELÄMÄN HALUAT

"You become what you think most of the time." – Brian Tracy

On tiedettävä mitä haluaa ennen kuin voi saavuttaa *tavoitteensa*. Sinun on tiedettävä millaista elämää haluat viettää. Jokaisella on omat tavoitteensa, useimmilla palkkatyön tekeminen ei kuulu ajanvieton tavoitteisiin.

Useat meistä haluavat pois palkkatyön kahlitsevasta otteesta. Haluamme käyttää aikamme toisella tavoin, perheen parissa, matkustaen tai mökillä vain yleisimpiä mainitakseni.

Vaihtoehtoja työlle riittää ja moni toteuttaa unelmiaan kerran vuodessa kuukauden kestävällä kesälomalla. Kuukausi vuodessa on vajaa 10% ajasta, joka on mahdollista käyttää haluamamallamme tavalla.

Jokainen vuosi 30:n ikävuoden jälkeen on pakottanut ajattelemaan *aikaa* eri tavalla. Aika kuluu eikä palaa enää koskaan. Aika on tärkeämpää nuorena, tällöin sitä ei usein vain osaa arvostaa riittävästi. Nuorena ilman ongelmia fyysisessä tai henkisessä kunnossa. Jokainen vuosi 30:n ikävuoden jälkeen hidastaa kehoamme, fyysinen suorituskyky heikkenee, henkinen suorituskyky heti perässä. Kuinka paljon esimerkiksi kymmenen vuotta elämästäsi maksaisi? Ajatusleikkinä kuinka paljon sinulle pitäisi maksaa, jos kehosi olisi tämän jälkeen kymmenen vuotta

Opas rikkaaseen elämään

vanhempi ja elämäsi kymmenen vuotta lyhyempi? Miltä tuntuisi tehdä vaihtokauppa kymmenestä vuodesta elämääsi esimerkiksi 100 000€:a vastaan? Moni meistä huomaa kuinka ajalla on nyt arvoa. Totuus on se, että mitä aikaisemmin *taloudellisen riippumattomuuden* saavuttaa sitä arvokkaampi se on. Taloudellinen riippumattomuus, jossa henkilökohtaiset elämisen kustannukset saadaan katetuksi esimerkiksi vuokrista, koroista, liiketoiminnan tuottona tai osingoista. Kaikki tämä mahdollistaa paremman mahdollisen ajankäytön.

Miltä tuntuisi tehdä vaihtokauppa kymmenestä vuodesta elämääsi esimerkiksi 100 000€:a vastaan?

Tulevat kirjan kappaleet antavat ajatuksia ihmisistä jaettuna eri *kategorioihin*. Voit jo tässä vaiheessa kysyä mihin kategoriaan tai luokkaan haluat kuulua. Jos päätöksesi on kuulua kaikkein varakkaimpaan luokkaan ja käyttää oma aikasi haluamallasi tavalla, niin oletko todella päättänyt tehdä näin? Otatko haasteen vastaan ja päätät olla tekemättä kompromisseja matkallasi vaurauteen? Pystytkö säästämään ja sijoittamaan rahasi pitkällä aikavälillä?

Lopulta kysymys on vain seuraavasta: *"Kuka haluat olla ja millaista elämää haluat elää?"*. Mikäli et vaivaudu ajattelemaan asiaa olet kuten suurin osa muista ihmisistä, ajelehdit elämässä vailla päämäärää. Tässä on suurin syy miksi valtaosa ihmisistä ei koskaan saavuta mitään merkittävää elämässään. Heillä ei ole selkeätä päämäärää. Elämä etenee ajattelematta, niin sanotusti tupakka huulessa etsien vain seuraavaa hetkessä kohdattavaa pientä hedonistista nautintoa.

Opas rikkaaseen elämään

Mikäli teet päätöksen siirtyä polulle, joka johtaa *vaurauteen* ja *taloudelliseen riippumattomuuteen* kirjoita se paperille. Kirjoita se paperille ja tee todellinen päätös josta pidät kiinni. Älä jää ajelehtimaan ja odottamaan lottovoittoa, jota ei koskaan tule.

Kirjoittaja on tehnyt tämän kirjan kirjoittamisen myötä päätöksen saavuttaa taloudellinen riippumattomuus elämässään. Mikset sinä tekisi samoin? Suurimpana syynä päätökseen on *kontrollin* saaminen elämään. Lyhyesti, en halua olla muiden kontrolloitavissa. Haluan tietää, että taloudellinen riippumattomuus on mahdollista saavuttaa. Yritän seurata mitä muut ovat tehneet ennen minua ja oppia kuinka minun on mahdollista samoja askeleita seuraamalla saavuttaa samat tulokset. *Taloudellisen riippumattomuuden* saavutettuani minulla on enemmän vaihtoehtoja käytettävissäni ja mahdollisuus *toteuttaa itseäni* paremmin. Hallitsen täysin omaa *ajankäyttöäni*, enkä ole yhtä riippuvainen yhteiskunnan tuista tai työnantajan suopeudesta.

Yksi ensimmäisistä asioista joita sinun tulee tietää on tunnistaa missä olet tällä hetkellä. Lähtökohdat elämässä ovat kutakuinkin samat meille kaikille. Toisilla hieman paremmat, toisilla huonommat. Älä anna sen masentaa, että joku toinen on saanut hieman paremmat lähtökohdat elämään. Tekemällä tietoisen valinnan elämänsä suunnasta asioilla on taipumus edetä tähän suuntaan. Joka päivä teet monia pieniä *päätöksiä* jotka vievät sinua tavoitettasi kohti tai siitä poispäin. Muista edelleen, kirjoitettuna tämä päätös on paljon selkeämpi ja tulet sen saavuttamaan paljon todennäköisemmin. Mikäli sinulla

> *Mikäli sinulla ei ole suuntaa elämässä etkä ole päättänyt mitä haluat saavuttaa et koskaan pääse pitkälle.*

ei ole suuntaa elämässä etkä ole päättänyt mitä haluat saavuttaa et koskaan pääse pitkälle.

1.1 Tavoitteet

"Success is steady progress toward's one's personal goals." – Jim Rohn

Yksi tärkeimmistä asioista, joita voit tehdä nyt heti, vaikka sinulla ei olisi yhtään rahaa on kirjoittaa kristallinkirkkaasti *elämäsi tavoitteet* ylös. Ilman tavoitteita ihminen on kuin ajopuu, virran vietävissä.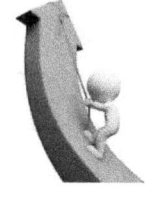
Tavoitteet ohjaavat sinua ottamaan kontrollin omasta elämästäsi, tarttumaan ohjaksiin ja tekemään asioita, jotka ovat merkityksellisiä sinulle itsellesi. Tavoitteena päästä nykytilanteesta toisenlaiseen, parempaan asemaan. Yksi tärkeistä osa-alueista tavoitteiden asettamisen suhteen ovat *rahaan* ja *liiketoimintaan* liittyvät tavoitteet.

Vain hyvin harvalla ihmisellä, arviolta vain 2%:lla on selkeät kirjatut tavoitteet elämässä. Sinä voit olla yksi näistä harvoista. Ota käyttöön *henkilökohtainen muistivihko*, johon alat kirjaamaan tavoitteitasi. Myöhemmin samaan kirjaan tulevat ideasi ja ajatuksesi siitä kuinka nämä tavoitteet on mahdollista toteuttaa.

> *Vain hyvin harvalla ihmisellä on selkeät kirjatut tavoitteet elämässä.*

Alat luoda niin sanottua *"game plania"* omaan elämääsi. Ilman selkeitä strategisia tavoitteita ei ole voitettu yhtään suurista taisteluista. Ajatellaan esimerkkinä *Napoleon Bonapartea*, ilman selkeitä tavoitteita ja strategiaa niin pienestä miehestä tuskin olisi koskaan tullut suurta sotapäällikköä. Älä tyydy mumisemaan epämääräisiä kun joku kysyy tavoitteitasi. Muistatko ne henkilöt, joilla tuntui jo nuorena olevan selkeä tavoite elämässään? Ehkä kaverisi puhui jo kouluaikoina tulevansa lääkäriksi. Missä hän nyt on? Todennäköisesti hän toteuttaa tätä unelmaansa.

Lähtökohtaisesti alat tästä eteenpäin pitämään *muistikirjaa*. Englanniksi tähän löytyy erinomaisia ohjeita esimerkiksi seuraavasta Jim Rohnin videosta, "Jim Rohn – How to use a journal". Poimi parhaat ajatukset ja sovella omaan käyttöösi. Kyse on pitkästä prosessista ja kukaan muu ei voi tehdä työtä puolestasi kuin sinä itse. Tärkeintä on, että aloitat heti tänään, nyt!

Itse asiassa laske tämä kirja aivan kohta pois kädestäsi tai irroita silmäsi ruudusta mikäli luet elektronista versiota. Palaa takaisin kirjan pariin vasta kun sinulla on *muistikirja* valmiina käyttöön.

Jos et ota ohjaksia käteesi, joku muu ottaa ne varmasti. Joku muu ohjaa sinua omien tavoitteidensa saavuttamiseksi. Esimerkiksi *mainonta* ja *markkinointi* on pääosin kohdistettu kuluttajiin, osaltaan heidät halutaan pitää tekemässä juuri sitä mitä he tälläkin hetkellä tekevät. Kysy itseltäsi selkeä kysymys; *"Ohjaanko minä elämääni vai ohjataanko minua?"*

> *Jos et ota ohjaksia käteesi, joku muu ottaa ne varmasti. Joku muu ohjaa sinua omien tavoitteidensa saavuttamiseksi.*

Voit aloittaa vastaamalla kysymykseen, onko minulla selkeät kirjoitetut tavoitteet elämässä? Mikäli vastasit *"Ei."*, voit olla melko varma että olet toteuttamassa enemmän jonkun muun tavoitteita kuin omiasi.

1.2 Aika

"Better three hours too soon than a minute too late." –
William Shakespeare

> *Aika on rahaa paljon arvokkaampaa, paina se päähäsi.*

Aika on kallisarvoisinta mitä meillä on. Aika on rahaa paljon arvokkaampaa, paina se päähäsi. Elämäsi tärkein tehtävä on käyttää tämä juuri sinulle annettu aika mahdollisimman hyvin hyödyksi.

Ajattele hetken aikaa seuraavia poimintoja ajaasta, mitä ajatuksia ne herättävät sinussa?

❖ Aikaa ei voi ostaa
❖ Aikaa ei voi säästää eikä varastoida
❖ Aika kulkee eteenpäin jatkuvasti ja peruuttamattomasti
❖ Aika on elämää

Kuinka sinä käytät aikaa? Mihin sinä sijoitat aikaasi? Useimmat meistä käyttävät täällä kulkiessaan <200 000 h. Ymmärrätkö kuinka jokainen tunti elämästäsi on peruuttamattomasti ohi hetki hetken perään?

Itse *ajanhallinnasta* on kirjoitettu rekkalasteittain kirjoja. Sinun tehtäväsi on ainoastaan tutustua oleellisimpiin periaatteisiin. *Pareton* säännön mukaisesti 20% ajanhallintaan liittyvistä periaatteista riittää tuottamaan 80% saavutettavissa olevista tuloksista. Tarkoitus ei ole osata kymmeniä erilaisia ajanhallinnan tekniikoita, vaan käyttää niitä yhtä tai kahta jotka toimivat sinulle.

Edelleen *Pareton* –periaatteen mukaisesti 20% ajankäytöstämme vastaa 80% tuloksista. Pareton 80:20 – periaatteen on havaittu pätevän kaikilla ihmiselämän alueilla.

Lyhyt esimerkki kuvastaa asiaa selkeästi; 20% sanomalehden uutisista kattaa 80% lehden informaatiosisällöstä. Lopun ollessa enemmän tai vähemmän täytettä. Vastaavasti tästä kirjasta saatat löytää ehkä vain muutaman uuden hyvän ajatuksen ja idean käyttöösi. Tarkoitus on, että otat nämä ideat käyttöösi. Esimerkkinä mikäli tämän kirjan luettuasi olet ottanut *muistikirjan* ahkeraan käyttöön on kirja todennäköisesti maksanut itsensä moninkertaisesti takaisin.

2 AJATUKSET RAHASTA

"When I was young I thought that money was the most important thing in life; now that I am old I know that it is." – Oscar Wilde.

Raha todella on tärkeää, mutta sitä eivät kaikki ymmärrä. Mietitään tilannetta, tarjoan sinulle 1€, 10€, 100€, 1000€, 10 000€, 100 000€. Mitä ajattelet kulloinkin? Eurolla voisit ehkä pelata kierroksen kaupan hedelmäpeliä. 10€:lla söisit ehkä tasokkaan lounaan. 100€ veisit koko perheen syömään. 1000€ riitäisi jo kunnon ulkomaanmatkaan. 10 000€ ostaisi sinulle auton tai toimisi ainakin välirahana. 100 000€:lla ostaisit ehkä asunnon tai eläisit leveää elämää muutaman vuoden. Ylläoleva kuvattuna *Anton Kreilin* esittämänä toimii ehkä sinulle paremmin. "*10 – Secrets to achieve financial success*". Videon tarkoitus on herättää ajatuksiasi oikeaan suuntaan, rahaan.

Seuraavissa kappaleissa on jaoteltu ihmiset karkeasti eri luokkiin. Luokitus ei ole oleellista, mutta oleellista on huomata että valitsemme joka päivä mihin luokkaan kuulumme. Minä tai sinä voin yhtä hyvin kuulua "*käyhien*" –luokkaan tänään ja huomenna taas toiseen. Jokainen päivä on valintoja ajankäytön, rahankäytön ja muiden päätösten suhteen. Sinä valitset!

Opas rikkaaseen elämään

2.1 Köyhien köyhäilyä

"Life is a dream for the wise, a game for the fool, a comedy for the ric, a tragedy for the poor." – Sholom Aleichem

Kastijärjestelmän lakkauttamisesta huolimatta pyramidiajattelu eri sosiaaliluokista varallisuuden mukaan näyttäisi pitävän paikkansa. Virallisessa mediassa varotaan ottamasta kantaa eri sosiaaliuokkiin ja jaottelemasta ihmisiä. Koska vain harvat ovat varakkaita täytyy suuren osan suomalaisista olla köyhiä. Vastaavasti, että jokin voi olla pientä täyty jonkin olla suuri. Kaikella on hintansa, se että joku voi olla hyvä jonkun täytyy olla huono. Samoin, että yksi voi olla *rikas* täytyy suuren joukon olla *köyhiä*. Logiikka on tässä suhteessa pettämätön.

> *Jotta yksi voi olla rikas täytyy suuren joukon muita olla köyhiä.*

Tähän väliin pyydän sinua tekemään aiheesta *kenttätutkimusta*. Ajatuksena on selvittää eroa köyhien ja rikkaiden välillä. Ensin saat luvan tutkia köyhiä ihmisiä. Jos satut jo valmiiksi asumaan *"slummialueella"* ei tarvitse kuin kävellä korttelin ympäri. Jo tällä matkalla opit näkemään riittävästi. Mikäli asut kauempana kyseisistä kaupunginosista ei ole vaikeata tietää mistä lähin löytyy, suuntaa siis sinne jo tänä iltana. Älä unohda ottaa *muistikirjaa* mukaasi. Nyt kirjaat muistikirjaasi seuraaviin kysymyksiin vastauksia.

TEHTÄVÄ

1. Mitä köyhät syövät?

2. Mikä on arvioitu savukkeiden kulutus vuorokaudessa?

3. Kuinka usein alkoholia nautitaan?

4. Kuinka pitkään elämää suunnitellaan eteenpäin?

5. Miten ihmisryhmä käyttäytyy kanssaihmisiään kohtaan?

6. Kuinka paljon aikaa käytetään opiskeluun ja kirjojen lukemiseen?

7. Mitä he lukevat?

8. Kuinka paljon televisiota katsotaan vuorokaudessa (arvio)?

Opas rikkaaseen elämään

Kun olet saanut tutkimuksesi valmiiksi, vertaa tuloksia seuraaviin yleisiin havaintoihin.

Huomaa kuitenkin, että tekemäsi havainnot ovat paljon tärkeämpiä kuin yleiset luokittelut. Älä jatka seuraavaan tehtävään ennen kuin olet tehnyt tämän kenttätutkimuksen köyhien parissa.

Elintavat

Asuminen tapahtuu *lähiöissä*. Omaan *"luukkuun"* sujahdetaan yleisesti ottaen mahdollisimman *"salaa"*. Naapureihin ei luoda kontakteja. Toiminta on yleisesti passivista oleskelua, viihteen kuluttamista ja tupakointia.

Terveydestä ei huolehdita. Ruokailu tapahtuu sen perusteella mikä on hyvää, ei sen perusteella mitä tulisi syödä. Salaatit ja hedelmät voidaan helposti perustellusti skipata, koska ne ovat kalliita.

Kirjastosta et minua löydä. Jos luenkin, niin se harvoin on kirja. Luen harvoin ja käytän aikani televisioon. *"Olen kirjani koulussa lukenut se riittää."* –ajattelu.

"Olen kirjani koulussa lukenut se riittää." – ajattelu

Ajatukset rahasta

Ainut keino tulla rikkaaksi on *lotossa* tai *kenossa* voittaminen – mentaliteetti. Rikkaat ovat kaikki huijareita ja rosvoja tai ovat muuten saaneet vaurautensa epärehellisin keinoin. *"Kumpa minullakin olisi paljon rahaa niin kaikki olisi hyvin"* –ajattelu.

Raha-asiat nähdään osittain pelottavina. *"Mistä saan seuraavan kuun vuokraan taas rahaa?"* Sijoitusriskien ottaminen

Opas rikkaaseen elämään

rajoittuu kaupan peliautomaatille, jota on yllättävän vaikea ohittaa. Taskun pohjalla oleva kolikko polttelee ja ajatus sen moninkertaistamisesta käy liian hankalaksi vastustaa. Juuri tämän verran köyhällä on varaa sijoittaa ja ottaa riskiä.

Raha nähdään mahdollisuutena *kuluttaa* yhtä nopeasti kuin se on ansaittu. *"Mitä muuta käyttöä rahalle nyt yleensä olisikaan kuin kulutus? Kerran täällä vain eletään, älä ala minua neuvomaan"* –ajattelu.

"Rahaa saa sosiaalitoimistosta." –ajattelu. *"Yhteiskunnan tulee maksaa minun kuluni, koska en ole onnistunut saamaan vielä lottovoittoa tai hyväpalkkaista työtä."* Syy on aina ulkopuolisissa tekijöissä. Nykytilanne on aina jonkun muun *syy* ja *vika*.

Aikakäsitys on muutamia päiviä. Huolehditaan lähinnä perustarpeiden tyydyttämisestä ja seuraavan nautinnon perässä. Suurempia tavoitteita elämässä ei ole. *"Kunhan tästä taas selvitään tämäkin päivä."* –ajattelu.

Osa käyttää aikansa tuottamattomaan toimintaan, pullojen keräily. Säästäväisyys nähdään jossain määrin hyveenä, toisaalta mikään raha ei pysy säästössä. Perustellaan, koska olen näin paljon ahkeroinut ja kärsinyt niin nyt on aika palkita itsensä, jatkuvasti.

Palkkatasoni on luokkaa 0...2500 €/kk. Säästöjä ei kerry elämän aikana. Mahdollinen perintö on nopeasti kulutettu, mahdollisesti jo etukäteen kun tiedetään sen tulevan lähiaikoina.

Lyhyenä yhteenvetona tämä ihmisryhmä kokee olevansa *olosuhteiden uhri* ja oma tilanne on huonoa tuuria eikä tästä juuri voi päästä eteenpäin. Rajoittunut ajattelu rahankäytön suhteen ja kateellisuus menestyneitä kohtaan. Täyttä vastuuta omasta elämästä ei suostuta ottamaan kun on aina helpompi syyttää muita, yhteiskuntaa ja huonoa onnea.

Opas rikkaaseen elämään

2.2 Keskiluokan kulutusjuhlaa

"Rich people buy luxuries last, while the poor and middle class tend to buy luxuries first." – Robert Kioysaki

Keskiluokka etsii mahdollisimman mukavaa, *helppoa elämää*. Tämän vuoksi oranvanpyörästä ei pääse karkuun. Keskiluokkaa ei turhaan sanota *kuluttajiksi*, keskiluokalle annetut yleiset palkankorotukset ohjautuvat kulutuksen ylläpitämiseen. Kyselytutkimukset viittaavaat siihen, että suurin osa, >50% pitää itseään keskiluokan edustajana.

Suuri osa *mainonnasta* on suunnattu keskiluokalle. Keskiluokka päättää mikä on suosittua televisiossa, radiossa ja mistä lehdet kirjoittavat. Keskiluokan äänet ratkaisevat eduskuntavaalien tulokset, kuka voittaa television viimeisimmän "äänestä minua" –kilpailun. Keskiluokan yleisin työaikataulu sanelee liikenteen ruuhkien aikataulun. Keskiluokka koostuu tuulipuvuista, joka valitsee kulloisenkin vallitsevan muotisuuntauksen.

> *Keskiluokka etsii mahdollisimman mukavaa, helppoa elämää.*

Keskiluokkaisen henkilön erottaa ajattelutavasta. Helpon, mukavan elämän tavoittelu pitää perheellisen, yksineläjän ja kenen tahansa henkilön ikuisesti *oravanpyörässä*.

Muista, keskiluokasta on hyvät mahdollisuudet aloittaa varallisuuden huima kerryttäminen. Tähän kuitenkin vaaditaan ensin ajattelutavan

> *Keskiluokasta on hyvät mahdollisuudet aloittaa varallisuuden huima kerryttäminen.*

Opas rikkaaseen elämään

muuttamista ja mukavuudesta luopumista. Oletko sinä valmis luopumaan mukavuuksista, edes joksikin aikaa? Olisitko valmis muuttamaan omakotitalosta halvempaan asumismuotoon? Entä auto, kelpaako halvelmpi käyttöauto vai tarvitsetko todella Audi A6:n viime vuoden mallin käyttöösi?

Tähän väliin pyydän sinua taas tekemään aiheesta *kenttätutkimusta*. Ajatuksena on selvittää keskiluokkaisen elämäntyylin piirteitä. Matkaa tällä kertaa keskiluokkaisten asuinalueille tekemään tutkimustasi. Älä unohda ottaa *muistikirjaa* mukaasi. Nyt kirjaat muistikirjaasi seuraaviin kysymyksiin vastauksia.

TEHTÄVÄ

1. Mitä keskiluokkaiset syövät?

2. Mikä on arvioitu savukkeiden kulutus vuorokaudessa?

3. Kuinka usein alkoholia nautitaan?

4. Kuinka pitkään elämää suunnitellaan eteenpäin?

5. Miten ihmisryhmä käyttäytyy kanssaihmisiään kohtaan?

6. Kuinka paljon aikaa käytetään opiskeluun ja kirjojen lukemiseen?

7. Mitä he lukevat?

8. Kuinka paljon televisiota katsotaan vuorokaudessa (arvio)?

Opas rikkaaseen elämään

Elintavat

Aikakäsitys on kuukausi, maksimissaan muutama kuukausi. Pidemmälle ei voi suunnitella. Seuraava palkanmaksu on jatkuvasti odotuksissa, yhtä nopeasti kuukausimaksuilla ostetut televisiot, autot ja asunnot syövät tämän rahan tehokkaasti. Lähes kaikki ansaittu raha menee kulutukseen, säästöihin laitetaan hyvin vähän jos ollenkaan.

Ulkomailla käydään kerran vuodessa, usein kaksi kertaa. Pienet lapset tuovat *matkailuintoon* hengähdystauon. Muutoin matkailu on pakotie rasittavasta arjesta.

Aika vaihdetaan viisipäiväisen työviikon ja viikonlopun suhteena. Suhdeluku viisi per kahteen, jolloin jokaista tehtyä täyttä työpäivää vastaan saadaan 0.4 päivää vapaata. Vastaavasti 47 viikkoa työtä vaihdetaan keskimäärin viiteen viikkoa vapaata. Toisin sanoen jokaista tehtyä työvuotta vastaan saadaan viisi viikkoa vapaata. Nykytahdilla eläkkeelle jäämisestä voi haaveilla noin 70-vuotiaasta alkaen.

Ajatukset rahasta

Keskiluokkainen henkilö on polttanut mahdollisesti näppinsä osakkeiden kanssa. Pelko sijoitusten menettämistä kohtaan on suhteellisen suuri. Sijoitukset ovat *"turvallisesti"* pankin rahastoissa kerryttämässä pankille hallinnointipalkkioita.

"Omaa kannattaa aina maksaa." – lause, jonka kuulee

> *"Omaa kannattaa aina maksaa."* – lause, jonka kuulee keskiluokkaan kuuluvan henkilön suusta.

keskiluokkaan kuuluvan henkilön suusta. *Oma asunto* nähdään poikkeuksetta vuokralla asumista parempana vaihtoehtona. Ainakin tällä halutaan erottautua vuokralla asumiseen liitettävästä pienestä leimasta. Velkaa käytetään talon ostamiseen. Tavoitteena säästää minimi omarahoitusosuus asunnosta ja lainoittaa asunnosta mahdollisimman paljon.

Raha tulee suurelta osin *ansiotyöstä*. Palkkataso on vuoden 2016 rahassa 2000...4000€ kuukaudessa. Keskiluokan ajattelutapaan kuuluu kuluttaa lähes koko summa kuukausittain. Juuri mentaliteetti ja ajatukset rahan suhteen ovat kriittinen tekijä, kun ajatellaan kuuluuko tietty henkilö keskiluokkaan. Keskiluokasta noustaan erittäin varakkaaksi henkilöksi kun pääsee eroon keskiluokkaa kuvaavasta ajattelutavasta. Mikäli ajatukset pyörivät vain kuluttamisen ja mahdollisimman mukavan elämän tavoittelussa ei mikään palkkataso riitä nostamaan henkilöä varakkaaksi.

Rahaa on enemmän, mutta mentaliteetti noudattaa osin köyhien ajatuksia. Luksustuotteeet, loisteliaat autot, isot talot ja näyttämisenhalu eivät tuo vapautta *oravanpyörästä*.

2.3 Vauraat ja taloudellisesti hyvinvoivat

"To get rich, you have to be making money while you're asleep." – David Bailey

Suuri osa miljonääreistä ja muista varakkaista henkilöistä on tehnyt *tietoisen päätöksen* saavuttaa varallisuutta tarvittava määrä. Mikäli ei peri rahoja tai lottopotti osu kohdalle, vain tietoinen päätös ja tarvittavien uhrausten teko mahdollistaa varakkaan aseman saavuttamisen.

Opas rikkaaseen elämään

Nettovarallisuus on tyypillisesti 0.5...50 miljoonaa euroa. Jo 500 000€ nettovarallisuudella saavutetaan suuri osa niistä eduista joista miljonäärit nauttivat.

Tärkeinpänä kontrolli omasta *ajankäytöstä*. Raha ostaa lopulta ajan itselle. Varakkaat arvostavat yleisesti aikaa enemmän kuin mitään muuta. Aikaa ei kukaan saa lisää, joten se tulee käyttää mahdollisimman tehokkaasti omien tarpeiden ja halujen mukaan.

> *Raha ostaa lopulta ajan itselle. Varakkaat arvostavat yleisesti aikaa enemmän kuin mitään muuta.*

Ostamalla ajan itselleen vapautuu lopulta loputtomasta *oravanpyörästä*. Tämä on yksi suurimmista saavutuksista, joita rahalla voi lopulta ostaa. Keskiluokka ja ylempi keskiluokka haaveilee työnteon lopettamiseesta, varakas on tehnyt aikoinaan päätöksen edetä asemaansa.

Tähän väliin pyydän sinua taas tekemään aiheesta kenttätutkimusta. Ajatuksena on selvittää vauraraiden elämäntyylin piirteitä. Matkaa tällä kertaa vauraiden valtakuntaan tekemään tutkimustasi. Älä unohda ottaa *muistikirjaa* mukaasi. Nyt kirjaat muistikirjaasi seuraaviin kysymyksiin vastauksia.

TEHTÄVÄ

1. Mitä vauraat syövät?

2. Mikä on arvioitu savukkeiden kulutus vuorokaudessa?

3. Kuinka usein alkoholia nautitaan?

4. Kuinka pitkään elämää suunnitellaan eteenpäin?

5. Miten ihmisryhmä käyttäytyy kanssaihmisiään kohtaan?

6. Kuinka paljon aikaa käytetään opiskeluun ja kirjojen lukemiseen?

7. Mitä he lukevat?

8. Kuinka paljon televisiota katsotaan vuorokaudessa (arvio)?

Elintavat

Opas rikkaaseen elämään

Mikään ei tule helpolla, varsinkin alkuvaiheessa ennen kuin sijoitukset alkavat poikimaan omalla voimallaan omien mielihalujen pidättelystä on tultava tapa. Ensimmäisen tärkeän rajapyykin 100 000€:n saavuttamisen jälkeen sijoitukset alkavat jo tuottaa. Esimerkiksi 100k:n osakesalkku tuottaa vuosittain 4%:n osinko-oletuksella 4000€ ennen veroja. Vielä verojen jälkeen -30% nettona tilille jää 2800€. Summa tulee tilille joka vuosi tästä eteenpäin ja todennäköisesti kasvaa hieman inflaatiovauhtia nopeammin. Mikä parasta, tekemättä mitään. Nettona joka päivä sinulle maksetaan 7.7€ ennen kuin nouset edes sängystä.

Omien mielihalujen pidättelystä on tultava tapa.

Voit myös ajatella sijoittavasi joka vuosi nettosumman 2800€ ostamalla lisää osakkeita. Kaikki tapahtuu automaattisesti ilman, että vaihdat hikeä euroiksi ja myyt aikaasi eurojen ansaitsemiseen.

Mikäli elintapasi ja tulotasosi pysyy samana on seuraavan rajapyykin 200k saavuttaminen paljon helpompi urakka kuin ensimmäisen 100k. Olet nyt ohjautumassa radalle, jossa voit harkita autopilotin päälle kytkemistä. Sijoitustuotto 200k rajapyykin jälkeen on huomattava. 200k tuottaa osinkoina 4%:n oletuksella 8000€ vuodessa. Verojen jälkeen nettona 5600€. Päivässä tuotto on 15.3€. Edelleen tekemättä mitään. Tällä tasolla entistä suurempi osa palkkatyöstä tai muusta tulonlähteestä ansaitsemistasi euroista kanavoituu uusiin sijoituksiin. *Lumipallo* on lähtenyt todella pyörimään ja kohta huomaat vauhdin kasvavan entisestään. Tämä jos mikään laittaa ponnistelemaan entistä enemmän tavoitteen saavuttamiseksi.

Opas rikkaaseen elämään

Ajatukset rahasta

Raha on valtaa. Raha on vapautta. Raha antaa kontrollin. Rahaa voi tehdä kuinka paljon ikinä haluaa. Nämä lauseet kuvaavat rikkaiden ajattelutapaa, mikään ei ole mahdotonta.

Toisin kuin keskiluokka miljonäärien tapa on omistaa *passiivista tuloa* tuottavia omaisuuslajeja. Kun keskiluokka omistaa ehkä kesämökin, autoja, kalliin kodin ja veneen miljonääri ymmärtää näiden ostosten ongelmat. Miljonääri on kerryttänyt varallisuutta kohteiden muodossa, jotka tuottavat passiivista tuloa jatkuvasti. Miljonääri ei siis omista vain kanoja vaan jatkuvasti kultamunia munivia kanoja.

2.4 Vertailutaulukko

Karkea yksinkertaistus viestin tiivistämiseksi on kerätty alla olevaan **taulukkoon 2.0**. Muista, jokainen tekee valintansa olla köyhä, keskiluokkainen tai vauras päivittäin. Pitkän aikavälin valinnat lopulta määrittävät mitä meistä tulee.

	Köyhät	*Keskiluokka*	*Vauraat*
Raha	Tuhlattavaksi	Kulutettavaksi	Sijoitettavaksi
Riskit	Hedelmäpeli	Asunnoissa	Sijoituksissa
Aikakäsitys	Tunteja, päiviä	Kuukausi	Vuosia, vuosikymmeniä
Elintavat	Tupakka, alkoholi	Vaihtelevat	Terveelliset
Tavoitteet	Ei ole	Epämääräisiä	Kirjallisia

Taulukko 2.0. Karkea vertailutaulukko.

3 11 PARASTA TAPAA SÄÄSTÄÄ

"The habit of saving is itself an education; it fosters every virtue, teaches self-denial, cultivates the sense of order, trains to forethough, and so broadens the mind." - T.T. Munger

Tässä kappaleessa kerromme parhaat tavat säästää aikaa, rahaa ja energiaa tuottavampaan toimintaan. Uskomme, että jokainen haluaa saavuttaa taloudellisen riippumattomuuden mieluummin ennemmin kuin myöhemmin. Kirjan avulla saat lähtökohdat tehokkaammalle ajankäytölle ja ymmärrät miksi vauraat henkilöt arvostavat aikaa ylitse kaiken. *"Aika on rahaa"* – sanotaan, eikä turhaan.

Jotta voisit tulla joksikin mitä et vielä ole, on sinun tehtävä jotain mitä et vielä tee. Toisaalta myös, jotta voisit tehdä jotain muuta mitä et vielä tee sinun on luovuttava jostain mitä teet. Tarkoitus on muodostaa *elintavat*, jotka lopulta mahdollistavat varakkaan henkilön aseman saavuttamisen. Mitä paremmin ja täydellisemmin teet seuraavat asiat, sitä nopeammin saavutat tuloksia.

Jotta voisit tehdä jotain muuta mitä et vielä tee sinun on luovuttava jostain mitä teet.

Listalla ensin mainitut asiat ovat tärkeimpiä

säästötavoitteen saavuttamiseksi. Lista etenee suurimman potentiaalisen säästökohteen kautta laskevassa tärkeysjärjestyksessä. Listan viimeisten menoerien tekeminen täydellisesti ei auta, mikäli tärkeimmät asiat jätetään huomioitta.

Säästäminen on pitkäjänteistä touhua, kuin maratonin juokseminen. Harjoittelu tekee mestarin. Samoin kuin maratonin harjoittelussa vain itse tekeminen merkitsee. Harjoittelemalla jatkuvasti säästämisestä tulee elintapa, eikä siihen enää kiinnitä huomiota. Lopulta huomaat kuinka asioiden tekeminen oikein, tavoitteidesi mukaisesti antaa sinulle lopulta suurimman tyydytyksen. Kun sijoitat säästösi tuottamaan ja keskityt säästämiseen huomaat lopulta kuinka tavoitteesi tulee joka päivä lähemmäksi. Samalla tavoin lähes loputtomalta tuntuvan maratonin matkalla jokainen askel kohti tavoitetta on askel oikeaan suuntaan. Lopulta saavutat tavoitteesi varmasti.

1 Asuminen

Asumisen kulut lyödään minimiin. Jos asut kalliisti, tee tähän tapaan heti muutos. Mikäli olet jo tottunut asumaan mukavasti on muutoksen tekeminen erittäin vaikeaa.

Omasta historiasta sen verran, että käytin mahdollisuuden asua vuokralla toista vuotta suhteellisen hienossa huoneistossa. Kaikki toimi tässä järvinäköalalla varustetussa kaksiossa mahtavasti. Yhtiö oli uudehko, naapurit miellyttäviä, parveke ison huoneen kokoinen, pyykinpesukoneet ja muut kodinkoneet valmiina. Mahtavan huoneiston lisäksi pakettiin kuului autopaikka autohallista, johon oli mahdollista päästä suoraan hissillä.

Verrattuna aikaisempiin vuokrahuoneistoihin valittu huoneisto oli aivan eri luokkaa, myös kustannusten puolesta. Hetken, toista

Opas rikkaaseen elämään

vuotta, luksuselämä aiheutti kuitenkin hyvin nopeasti vaatimustason nousemisen. Seuraavaan huoneistoon vaihdettaessa entisenlaiset huoneistot eivät tuntuneet enää miltään. Uudehkosta 2000-luvun huoneistosta, jossa on porraskäytävässäkin ilmastointi on hyvin vaikea adaptoitua uudestaan *"perushuoneistoon"*.

Tarina kertoo kuinka vaikeaa on elintason laskeminen kun on jo tottunut tiettyyn tasoon. Samasta aiheesta puhutaan usein termillä *elintasoinflaatio*.

2 Auto

Mieluiten japanilaisella. Varaosat maksavat murto-osan saksalaisiin merkkeihin verrattaessa. Myös perushuollot onnistuvat itse. Kirjastosta ja netistä löytyy korjausohjeita pilvin pimein. Nykyään myös Youtube –videot opastavat katsojaa kädestä pitäen kuinka huollot tehdään. Auton *huoltaminen* ei todellakaan ole mitään salatiedettä vaan jokaisen opittavissa oleva taito.

Auton perushuoltaminen saattaa toisinaan mahdollistaa matkan jatkumisen myös ongelmien ilmaantuessa tienpäällä. Kun tunnet oman autosi ja sen ongelmat tiedät mistä on kyse kun meno alkaa nykiä tienpäällä.

Vanhan käyttöauton saa hintaluokassa 1000...5000€. Tämän hintaluokan auton arvon lasku on tasaantunut. Hintaluokassa on varaa valita monenlaisista menopeleistä, valinnanvaikeus on lähinnä ongelma.

> *Vanhan käyttöauton saa hintaluokassa 1000...5000€.*

Paras tilanne on tietysti mikäli voit välttää auton kokonaan. Samalla säästetään kaikki auton vaatimat huoltokulut, verot ja vakuutukset.

Opas rikkaaseen elämään

Yksi pahimmista virheistä, jonka voit tehdä on *leasing auto* työnantajalta. Poikkeuksena tilanne, jossa työnantaja maksaa myös polttoainekulut. Leasing hinnat ovat yleisesti alkaen +300€/kk. Summa pidätetään palkasta joka kuukausi ajoit autolla tai et. Keskiluokan mentaliteettiin uppoaa ajatus auton käytön helppoudesta. Renkaat vaihdetaan liikkeessä, huolloista ei tarvitse välittää, vakuutus maksetaan ja verojakaan ei tule. Könttäsumma +300€/kk tulee vain maksettavaksi. Vuodessa +3600€/kk + polttoaine. Halpaa?

Leasing auto ei ole missään suhteessa kannattavaa kun vaihtoehtona on vanhemman japanilaisen auton hankinta. Vältä houkutusta työnantajan tarjoamaan autoetuun. Leasing voidaan perustella henkilöille, joiden on tarve ostaa uusi auto liikkeestä.

3 Sijainti

Työpaikan tai oman yrityksesi *lähellä asuminen* säästää sinulta aikaa ja rahaa. Kimppakyydeillä ja asunnon ja työpaikan välisillä matkakulujen verohelpotuksilla ei korvata työpaikan läheisyyttä.

Parasta mikäli pääset kulkemaan matkat kävellen tai pyörällä.

4 Tilaukset

Lopeta *sanomalehden* tilaaminen. Mikäli tilaat useita lehtiä, lopeta kaikki. Ajankohtaiset asiat voi tarkistaa internetistä eri uutispalveluista. Tieto ei ole enää painetussa muodossa. *Internet* on mullistanut tiedonkulun, saat kaiken tarvitsemasi ja enemmän internetistä.

Lopeta turhien asioiden seuraaminen ja tee päätös keskittyä sinulle tärkeisiin asioihin.

Toinen pointti on, että

Opas rikkaaseen elämään

matkalla varakkaaksi sinulla on muuta tekemistä kuin päivitellä viimeisintä vaalitulosta tai seurata rattijuoppojen tunarointia ojanpohjalla. Lopeta turhien asioiden seuraaminen ja tee päätös keskittyä sinulle tärkeisiin asioihin. Tapahtumiin joihin sinulla itselläsi on kontrolli ja mahdollisuus vaikuttaa.

5 Syöminen

Ravintolan jättäminen väliin ja kotona syöminen, yksinkertaista ja terveellistä. Työpaikkaruokalaa on hyvä hyödyntää sikäli kun lounas on usein tuettu työnantajan puolesta. Samalla pidät itsesi paremmin mukana sosiaalisissa kuvioissa.

6 Tupakointi ja alkoholi

Tarviiko *tupakoinnista* ja *alkoholista* enempää mainita? Vaikutukset ulottuvat myös lähimmäisiisi, yleensä varsin negatiivisesti. Pidemmällä aikavälillä lääkärikulut ja erilaiset terveysongelmat tekevät pitkän loven varallisuuteesi.

7 Sosiaalinen paine

"Me lähdetään kesällä (ja myös talvella) Espanjaan (taas)!" tai vastaavasti *"Tilasin uuden auton kaikilla herkuilla, mahtava peruutustutka!"* Millionaire next door –kirjassa tähän ilmiöön vastaamista viitataan termillä *"Keeping up with the Joneses."* Tähän *elintasokilpailuun* ei pidä lähteä mukaan mikäli tavoitteesi on edelleen saavuttaa varakkaan asema.

> *Varakkaat käyttävät vaatteensa, autonsa ja kaiken muunkin loppuun ennen kuin alkavat päivityskierrokselle.*

Opas rikkaaseen elämään

Yleisesti ottaen omat havaintoni vastaavat lähinnä päinvastaista käytöstä varakkaiden osalta. Varakkaat käyttävät vaatteensa, autonsa ja kaiken muunkin loppuun ennen kuin alkavat päivityskierrokselle. Vai luuleeko joku todella että ilman Iphone XX –mallia ei nyt vain yksinkertaisesti nyky-yhteiskunnassa pärjää. Nukut lisäksi yösi paljon paremmin kun tiedät, että sinulla ei ole turhaa velkaa kulutuskäyttäytymisen ylläpitämiseksi.

8 Kaikki heti nyt -asenne

Kun luovut vaatimasta kaikkea heti itsellesi ja opit odottamaan säästät pitkän pennin. Kaikkia *osamaksusopimuksia* tulee välttää kuin ruttoa. Malta odottaa, malta mielesi. Mistä lähtien 30-vuotiaat ovat tarvinneet +150 m^2 omakotitalon elämiseen? Eikö vähempi riitä? Ainiin, kaiken pitää olla kotona lisäksi uutta. Samalla on hyvä uusia kaikki huonekalut samaan malliin sopiviksi?

9 Kirjat

Ei ole parempaa paikkaa hommata kehittävää lukemista itselleen kuin *kirjasto*. Kaikki kirjat vieläpä *ilmaiseksi* saatavilla ja järjestetty helposti löydettäviksi.

Osan kirjoista haluat ehkä ostaa itsellesi. Riittäisikö tällöin kuitenkin esimerkiksi kindle –kirjat?

10 Parturointi

Pidä hiusleikkuusi yksinkertaisena. Niin yksinkertaisena, että voit toteuttaa hiustenleikkuun ja muun laiton kaikki itse tai perhepiirissä. Tarvitseeko sinun todella käydä kampaajalla joka kuukausi?

11 Uuden ostaminen

Uusien tuotteiden statuksesta maksat turhaan ylimääräistä, vai kuvitteletko todella että sohva tai tuoli kuluu vuodessa parissa käyttökelvottomaksi? Käytettynä ostetuiden käyttötavaroiden, kuten huonekalut, kustanus on vain murto-osa uuden hinnasta.

4 TALOUDELLINEN VAPAUS

"My definition of financial freedom is simple: It is the ability to live the lifestyle you desire without having to work or rely on anyone elso for money." – T.Harv Eker

Kulku *taloudelliseen vapauteen* tapahtuu seuraavien askelmien perusteella. Jokainen taso on edellistä parempi, vakaampi. Taloudellinen vapaus alkaa tasolta 5. Päästäksesi tähän tasoon sinun on kiivettävä viisi askelta tällä luokittelulla. Tämä on yksi kuvaus aiheesta, ja askeleet on esitetty *Money Boss* – blogisivustolla englanniksi. Tässä kuvaukset kuitenkin suomeksi.

Taso 0 – Riippuvuus

Taso 1 – Maksukykyisyys

Taso 2 – Vakaus

Taso 3 – Hallinta

Taso 4 – Turvallisuus

Taso 5 – Riippumattomuus

Taso 6 – Yltäkylläisyys

Opas rikkaaseen elämään

4.1 Taso 0 – Riippuvuus

Tällä tasolla olet riippuvainen *muiden tuesta*. Tuki voi olla yhteiskunnan tukea, rahaa vanhemmilta tai ystäviltä. Yhteistä on joka tapauksessa henkilön riippuvuus muiden suopeudesta rahan suhteen. Tähän ryhmään kuuluvat esimerkiksi opiskelijat ja sosiaalitoimiston rahalla elävät.

4.2 Taso 1 – Maksukykyisyys

Tällä tasolla selviät maksuistasi ja velkasitoumistasi, varsinaisia säästöjä ei kuitenkaan kerry. Vakaalla pohjalla taloudenpitosi ei kuitenkaan ole, ja yksi kunnon *takaisku* saattaa sinut ongelmiin. Esimerkkinä voisi hyvin olla nuori työelämäänsä aloitteleva nuori, joka on muuttanut ensimmäiseen omaan asuntoonsa. Palkasta saatava tulo riittää kuukausittaisten laskujen maksamiseen ja muiden kustannusten kattamiseen. Henkilö ei ole enää riippuvainen yhteiskunnan tai kenenkään muiden taloudellisesta tuesta.

4.3 Taso 2 – Vakaus

Taloudellinen vakaus tarkoittaa järkevää rahan käyttöä. Henkilöllä on esimerkiksi pieni *puskuri* taloudellisia takaiskuja varten. Yllättävä meno ei enää kaada henkilön taloutta. Esimerkkinä henkilö, ystäväni Mikko joka juuri maksoi autolainansa pois ja on säästänyt tovin pankkisäästöihin.

4.4 Taso 3 – Hallinta

Henkilön, joka on tällä tasolla valinnanvapaudet työpaikan ja elämän suhteen laajemmin ovat huomattavat. Mikäli työ ei syystä tai toisesta maistu, ei se mitään. Irtisanoudutaan ja lähdetään työstämään urahaaveita esimerkiksi toisessa yrityksessä.

Pitkäkestoinenkaan taloudellinen takaisku, esimerkiksi työttömyys, ei aja taloudenpitoa hunningolle.

4.5 Taso 4 – Turvallisuus

Siirryttäessä tälle tasolle, *sijoituksista saatavat tulot* kattavat henkilön perustarpeet. Perustarpeilla tarkoitetaan lyhyesti, niitä pakollisia menoja joita henkilöllä on. Esimerkkinä, ruoka, kiinteistövero, sähkö. Yleistäen henkilö voisi jatkaa asumistaan samassa asunnossa käyttäen kaiken sijoituksista saatavan tulonsa. Mitään ulkomaanmatkoja tai muita ostoksia tähän ei sisälly.

4.6 Taso 5 – Riippumattomuus

Tällä tasolla nykyinen *elämäntyylisi* katetaan täysin sijoituksista saatavilla tuloilla. Monen kohdalla tämän tarkoittaa vähintään 1000€/kk tuloja. Noin 12 000€ vuosituloja vasten on esimerkiksi osakesalkun koon oltava noin 400 000€. Yhtä monille 1000€/kk on edelleen hieman kituuttamista. Vuoden 2016 rahassa 500 000€:n osakesalkku tuottaa 1300...1500€/kk tuloja osinkojen muodossa. Tällä jo varmasti moni eläisi aivan mainiosti, ottaen huomioon että varsinaisia työhön liittyviä sivukuluja ei samalla synny. Yllättävä pitkäaikainen sairastuminen ja kalliit hoitokulut voisivat ymmärtääkseni johtaa tiputukseen takaisin tasolle neljä. Muutoin tulevaisuus on suhteellisen hyvin turvattu lopun ikää.

4.7 Taso 6 – Yltäkylläisyys

Olet vapaa matkustamaan kuten haluat, ostamaan luksustuotteita ja asumaan haluamallasi tavalla. Tänne asti pääsevät vain harvat, arviolta <1% ihmisistä.

Sinulla on enemmän kuin tarpeeksi. Haasteena ei ole enää raha ja sen määrä. Elämän haasteet liittyvät siihen mitä tämä kaikki raha on tehnyt sinusta. Mikäli kaikki on mennyt hyvin olet varmasti jalomielinen henkilö ja pystyt myös jakamaan omaa hyvinvointiasi muille.

Kun olet *taloudellisesti vapaa* elämääsi ei kuulu aikatauluja! Ei käskijää, sinä siirryt rattiin ohjaamaan elämääsi.

> *Sinulla on enemmän kuin tarpeeksi. Haasteena ei ole enää raha ja sen määrä. Elämän haasteet liittyvät siihen mitä tämä kaikki raha on tehnyt sinusta.*

5 RESEPTINI VAURASTUMISEEN

"After a man gets rich, his next ambition is to get richer."

En aio esitellä yleisesiä tapoja millä on mahdollista kerryttää varallisuutta. Samat asiat on toistettu jo sadoissa eri kirjoissa. Mitä haluan sen sijaan tehdä on kuvailla mahdollisimman tarkoin oman reseptini, oman tieni vaurastumiseen. Sinunkin tavoitteesi tulisi olla aina selvittää miten muut ovat tehneet rahansa, ei mitä he *"saarnaavat"*. Guru sanoo, että sinun kannattaa ja täytyy ostaa osakkeita mahdollisimman laajalla hajautu ksella. Miljoonan dollarin / euron kysymys kuuluu miten tämä *guru* on tehnyt omat rahansa? Onko hän ostanut oman ideansa vai myykö hän vain tätä ideaa sinulle?

On varmasti useita tapoja saavuttaa *varakkaan* asema elämäsi aikana. Jos olet jo epäonnistunut jossain on täysin mahdollista kokeilla jotain täysin muuta. Jokainen epäonnistuminen opettaa sinulle jotakin ja olet askeleen lähempänä *"kultakaivosta"*. Mitään varsinaisesti uutta ei tarvitse keksiä tässäkään. Kuten alun kappaleissa todettua, seuraat vain mitä muut menestyneet ovat tehneet.

5.1 Osakkeet ja sijoittaminen

"The stock marker is a device for transferring money from the impatient to the patient." – Warren Buffett

Opas rikkaaseen elämään

Ongelma on siinä, että kestää alussa pitkään ennen kuin mitään tapahtuu. Osakkeilla sijoittamisen olen itse aloittanut 2008 vuonna. Muutamat ensimmäiset sijoitukset lähtivät kovaankin kurssilaskuun, toisaalta ostamalla jatkuvasti lisää sain ostettua suurehkon määrän osakkeita aikalailla oikeaan aikaan. Aloittelijana tuli toisaalta myös myytyä osakkeet liian aikaisin. Tuotto monista tuon hetken sijoituksista oli +50% vain parin vuoden pitoajalla.

Yksi tärkeintä itselle on osakkeissa ollut aina niiden sietämätön *helppous*. Osakkeita on äärimmäisen helppo omistaa ja säilyttää. Samoin osingot saapuvat tilille jopa täysin huomaamattomasti. Kaiken

> *Osakkeita on äärimmäisen helppo omistaa ja säilyttää. Samoin osingot saapuvat tilille jopa täysin huomaamattomasti.*

sijoitustoiminnan pystyy hoitamaan kotisohvalta, en voisi juuri kuvitella vaivattomampaa tapaa sijoittaa varallisuuttaan tuottaviin instrumentteihin. Suurin työ on veroilmoituksissa mikäli olen käynyt kauppaa vuoden aikana. Nykyisin täysin passiivista *osta ja unohda* –sijoitusfilosofiaa. Lisäksi omistan lähes pelkästään suoria osakkeita, ETF –ja muut strukturoidut tuotteet jätän hifistelijöille. Hajautusta saan riittävästi muutaman kymmenen osakelajin omistajana. Osakeomistukset pääosin Pohjois-Amerikassa, Keski-Euroopassa ja Suomessa.

Suositukseni on, että teet ainoastaan *suoria osakesijoituksia*. Toisin sanoa vältä kaikkia missä on maininta ETF, rahasto, bond tms. Keskityt vain ja ainoastaan osakesalkun rakentamiseen.

Kokonaisuudesta tulee selkeä ja mahdollistat tulovirran kasvattamisen osinkojen muodossa.

Mikäpä olisi mukavempaa kuin osakemiljonäärinä? Osingot saapuvat automaattisesti minne päin maailmaa tahansa, suoraan tilillesi. Okei, monissa tapauksissa osinkojen käyttäminen vaatii vielä tilisiirron osakevälittäjän tililtä käyttötilillesi. Pointti on siinä, että kaikki on äärimmäisen helppoa.

5.2 Sijoitusasunnot

"Landlords grow rich in their sleep."

Asunnoissa voitto tehdään ostaessa. Huoneistoja ja liiketiloja on myynnissä jatkuvasti, tarjontaa on. Ongelma on kuitenkin yleisesti se, että tarjonta on hinnoiteltu kovin korkeaksi. Tällä hetkellä (2016) vanhoista 60-luvun *sijoituskäyttöön* ajateltavissa olevista huoneistoista pyydetään hintoja, jolla uusi sijoittaja ei pääse lyömään rahoiksi. Harvoin hyvät sijoituskäyttöön tulevat kohteet menevät välittäjien sijoittajatutuille ja ennen ilmestymistään myyntiin, karu fakta. Nämä eivät tule koskaan edes näkyville oikotie tai etuovi –sivustoille julkiseksi vaan myydään etukäteen.

Toisinaan myös nettiin asti päätyy sijoituskäyttöön hyvin soveltuvia huoneistoja. Näissä yleensä nopein voittaa. Huoneistot poistuvat myynnistä päivissä, joten sijoittajan on tiedettävä hyvin nopeasti onko huoneisto hyvä sijoitus. Tähän asiaan myös aloitteleva sijoittaja voi hyödyntää sijoitusasuntolaskuria. Vaihtoehtoisesti netistä löytyy myös

> *Asunnoissa voitto tehdään ostaessa.*

Opas rikkaaseen elämään

ilmaisia sijoitusasuntolaskureita. Myymäni sijoitusasuntolaskurin saat omalle tietokoneellesi ja se toimii aina kunhan vain tietokone käynnistyy. Suosittelen panostamaan huoneiston ostovaiheessa muutamiin vaihtoehtoisiin laskureihin. Mikäli kaikkien tiedot ovat samansuuntaisia, on huoneisto hyvällä syyllä ostokohde.

Omat sijoitusasuntoni olen löytänyt oikotien - listauksesta. Nopeat tarkastelut omalla sijoitusasuntolaskurilla ja varmistuksena netin sijoituslaskureilla ovat varmistaneet kohteen tuoton aina etukäteen.

Laskurin hinta 2€ on 0.002%:ia 100 000€ sijoitusasunnon hinnasta. Kysy itseltäsi oletko kenties säästämässä väärästä paikasta?

Monta kohdetta on voinut vain skipata suoraan sillä, että numeroiden valossa kohde on ollut äärettömän huono vaikka kaikki muuten olisi kunnossa. Varmista aina siis huoneistoa ostaessasi, että tiedät mahdollisimman tarkkaan mitä olet ostamassa. Muutaman euron sijoitus sijoitusasuntolaskuriin tai sitten kymmenien tuntien käyttäminen oman laskurin luomiseen säästää paljon oppirahoja. Laskurin hinta 2€ on 0.002%:ia 100 000€ sijoitusasunnon hinnasta. Kysy itseltäsi oletko kenties säästämässä väärästä paikasta?

Soveltuuko asuntojen vuokraus sitten kaikille? Todennäköisesti ei, pientä vaivaa vuokralaisten kanssa on aina. Toisinaan enemmän toisinaan vähemmän. Kysy itseltäsi lisäksi aina, jo sijoitusasuntoa, ostaessasi millaisten vuokralaisehdokkaiden kanssa olet valmis toimimaan.

Mikäli ostat halvimman *murjun* lähiöstä olet tuomittu vuokraamaan huoneistoasi mitä erilaisimmille laitapuolen kulkijoille. Mikäli taas panostat esimerkiksi oppilaitoksen lähellä sijaitsevaan kohteeseen toimit pääasiassa nuorten opiskelijoiden parissa. Huomioi myös oma *matkasi sijoitusasunnolle*, parasta mikäli huoneisto sijaitsee lähellä omaa asuntoasi tai samassa kaupungissa. Kulkemista tulee aina jonkin verran.

5.3 Internet

"Money does not buy happiness, but it pays my Internet, which is almost the same thing."

Internetin taikasana on *automatisointi*. Mitä tahansa rakennatkaan internettiin automatisoi mahdollisimman suuri osa toiminnoista. Jatkuvaa päivitystä jaksaa hetken aikaa silloin kun oma mielenkiinto on keskittynyt aiheen ympärille, tämän jälkeen kaikki pitäisi saada toimimaan automaattisesti.

> Internetin taikasana on *automatisointi*.

Hyväksi onneksi *automatisointi* on tehty hienosti mahdollisimman helpoksi. Erilaiset sovellukset ja muut auttavat asiaa. Aivan täysin tuuliajolle sivustoja on vaikea jättää, henkilökohtaisesti minulla ei ole kokemusta sivuston hallinnan luovuttamisesta kolmannen osapuolen hoidettavaksi.

Googlen Adsense –mainosohjelmasta saadaan suhteellisen passiivisesti tuloja. Kunhan ensin on vain saatu riittävästi *liikennettä* sivustolle. Tämä on usein vaikein osuus. Henkilökohtaisesti olen yrittänyt parhaani mukaan omaksu näkökulman, jossa kävijät tulevat sivustollesi kunhan sisältö ja tarjoamasi tuotteet auttavat ihmisiä. Muiden auttaminen kannattaa pitää aina lähtökohtana.

E-kirjojen myynti on suhteellisen helposti automatisoitavissa. Alkuvaiheessa on kuitenkin paljon tehtävää, että saat ensimmäisen kirjasi myyntiin. Kaikki on vielä auki kirjan asettelusta lähtien. Myynti ja markkinointi sekä paljon muuta täytyy myöskin hoitaa. Jos itse voisin aloittaa alusta uudelleen lähtisin ensimmäisenä voimakkaasti luomaan tiimiä kirjojen ympärille, kaikkea en tekisi enää itse. Tiimi, jossa on markkinointivastaava, itse kirjoittaja, editoija yms. Tämän kirjan kirjoittaminen on suurelta osin omalla vastuullani ja hoidettavana. Jatkossa kirja voi toimia käsikirjoituksena ja pohjana jollekin uudelle ja paremmin myyvälle tuotteelle. Suosittelen, että aloitat mahdollisen oman kirjasi kirjoittamisen omasta harrastuksesta tai mielenkiinnosta.

5.4 Palkkatyö

"Your dream job does not exist, you must create it."

Palkkatyöstä säästämillläni tuloilla olen kasvattanut oman sijoitusvarallisuuden kokoa jatkuvasti. Palkkatyöstä saa yleisesti tasaista, ennustettavaa tulovirtaa. Palkan huono puoli sen sijaan on, että sinä olet moottori joka pitää koneen käynnissä. Ilman työssäkäyntiä tämä tulovirta katkeaa hyvin nopeasti. Samoin yleisesti ei ole mahdollista saada suuria harppauksia palkkatasossa ylöspäin. Paras tapa on *"climbing the ladders"* eli urakehitys. Pelkästään asiantuntijana ansiot jäävät keskinkertaisiksi.

> *Palkan huono puoli sen sijaan on, että sinä olet moottori joka pitää koneen käynnissä.*

Palkkatyöstä saatavaa korvausta voit tarkemmin eritellä itsellesi seuraavalla laskurilla. *Milloin sinusta tulee miljonääri?*
Palkkatyöstä saatavat korvaukset voivat olla *johtajatasolla* erittäin huomattavia. Pörssiyhtiöiden toimitusjohtajat suomessa saavat keskimäärin 52 000€ / kk korvauksen tekemästään arvonlisästä yrityksen hyväksi. Kuinka pitkään näin suurella palkalla sinulla kestäisi saavuttaa *taloudellinen riippumattomuus*?

5.5 Säästämisaste

Säästämisaste kuvaa hyvin tarkalleen kuinka pihi olet. Aivan pienillä tuloilla on tietysti vaikea saada pidettyä yllä kovin korkeaa säästämisastetta, raha menee pakollisiin kuluihin. Mutta miten käy kun tulotasosi nousee, nouseeko kulutuksesi samassa tahdissa? Tämä ilmiö on yleinen monille opiskelun loppuessa ja ansiotyön alkaessa, jolloin tulotaso nousee huomattavasti entiseen verrattuna. Miten käy tällöin kulutuksellesi? Oletko nyt oikeutettu hienompaan autoon tai ulkomaanmatkoihin?

Oman säästämisasteena olen pitänyt >50% vuonna 2016. Tämä osuus menee sijoitusvarallisuuden lisäämiseen. Tavoitteena on jatkaa >50% -säästämisastetta lähivuosina.

5.6 Toimintasuunnitelma

Taloudellinen riippumattomuus vaatii suunnitelman. Tässä kuvataan henkilökohtainen suunnitelma sinulle, joka haluat tehdä tarvittavat uhraukset tavoitteen saavuttamiseksi.

Kaikki alkaa ajatuksesta. Olet jo viimeistään tätä kirjaa lukiessa ajatellut yhä enemmän mahdollisuutta saavuttaa taloudellinen riippumattomuus.

Selkeä tavoite ja suunnitelma kuten talon rakentamisessa on tarpeen. Ilman suunnitelmaa talosta ei tule sellainen kuin rakennuttaja sen haluaisi olevan. Samoin metaforia toimii kuvitteellisella henkilöllä, joka haluaa löytää pisteestä A pisteeseen B. Ilman karttaa ja reittisuunnitelmaa perille on vaikea löytää. Uhraamalla aikaa ajatteluun ja suunnitteluun on perille pääsy lähes taattua.

Toimintasuunnitelma koostuu kysymyslistasta, jonka läpikäyminen ajatuksen kanssa auttaa mielestämme selkeyttämään omaa tavoitetta. Kysymykset koostuvat pääosin mitä, miksi ja miten –tyyppisistä kysymyksistä.

Ensin on selvitettävä *mitä* haluat. Yhtä tärkeänä kysymyksenä seuraa *miksi* haluat tätä? Lopulta vastataan miten kysymykseen. *Miten* kysymys paljastaa samalla sinulle mitä uhrauksia joudut lopulta tekemään saavuttaaksesi mitä haluat. *Miksi* pitää sinut motivoituneena tekemässä tarvittavia uhrauksia sen eteen mitä haluat.

5.7 Ajankäyttö

Pidä jatkuvasti huomio siinä mitä teet... viisi minuuttia netin selailua muuttuu kuin huomaamatta usean tunnin *surffailumaratoniksi* merkityksettömillä sivustoilla. Parhaita ajatuksia ajan käyttöön on mielestäni Brian Tracyn mainitsema *"Eat the ugliest frog first!"* – metodi. Tämä on kuvattu parhaiten

alkuperäisessä lähteessä Eat that frog. Periaatteena päivän tärkein ja usein myös hankalin asia hoidetaan heti ensimmäisenä. Mikäli tämä asia on pomolta palkankorotuksen pyytäminen, tehdään se viivytyksettä. Loppupäivä onkin helppojen asioiden parissa työskentelyä. Päivän suurin haaste on jo voitettu ja asiat lähtevät rullaamaan.

6 ENSIMMÄINEN 100,000€

"The first $100,000 is a b*itch, but you gotta do it." –
Charlie Munger, Berkshire Hathaway

Charlien sanat pitävät kyllä jossain määrin paikkaansa. Ensimmäinen 100 000 € on hankala ja vaikeasti saavutettava merkkipaalu. Jokainen 100k tästä eteenpäin on kuitenkin aina vain helpompi, ja esimerkiksi 1 000 000€ sijoitusvarallisuuteen ei ole niin pitkä kuin luulisi. Kun alkuun pääsee niin menee *loppu* jopa *aivan itsestään*. Kyse ei ole enää esimerkiksi palkasta tehtyjen säästöjen varassa. 800 000€:n vuosimuutos saattaa esimerkiksi hyvänä pörssivuonna olla 8%. Tällöin 800k * 8% = +64 000€ lisää sijoitusvarallisuuteen. Kuinka hyvä palkan on oltava, että siitä voisi säästää 64 000€ vuodessa? 200 000€?

Tärkeimpänä ominaisuutena näkisin säästäväisyyden. Kuten Millionaire next door; *Frugal, frugal, frugal* kuvaa parhaiten miljonäärejä. On vastustettava kiusausta ostaa turhia luksusesineitä. Olen itsekin näihin jonkin verran sortunut, enkä niistä pahaa oloa koe. Jälkeenpäin on vain tullut huomattua kuinka turhaa on panostaa esimerkiksi uuteen maastopyörään kaikilla lisäherkuilla. Tällaisella pyörällä ei esimerkiksi uskalla lähteä oikein mihinkään ja säilytys tehdään melkeimpä sängyn vieressä pitkäkyntisten pelossa. Mitään

> *Frugal, frugal, frugal kuvaa parhaiten miljonäärejä.*

käytännöllistä tähän ei liity. Samat ajot olisi voinut hoitaa aivan mainiosti esimerkiksi halvalla peruspyörällä.

Ensimmäinen 100 000€ osakkeissa ja asunnoissa tuottaa tällä hetkellä noin 4...5% bruttotuottoa vuodessa. Hieman kuukaudesta riippuen, keväällä on suomalaisten osakkeiden osalta osingonmaksun kulta-aikaa. Bruttotuotto on luokkaa 350...500€ kuukaudessa. Päivässä tämä tekee siinä 10...17€. Tässä kohtaa elämä helpottuu kun pelkästä heräämisestä sinulle lyödään käteen reilu kymppi käytettäväksi. Mikäli jatkat elämäntapaasi entisellään, ja laitat tämänkin kympin edelleen sijoituksiin, muuttuu kymppi kahdeksi hyvin pian.

Muista, että ainut syy säästää rahaa on investoida se edelleen. Nyt tässä vaiheessa ymmärrät myös sanonnan *"Raha tulee rahan luo."*, paremmin.

Mikään ei tule kuitenkaan helpolla. Mikäli et tee tässä kirjassa kuvattuja toimenpiteitä itsesi kehittämiseksi myöskään *sijoitusvarallisuutesi* tuskin muuttuu juuri nykytilanteesta. Rikastumisen täytyy tuntua ainakin hieman epämiellyttävältä, tällöin tiedät että olet pois omalta mukavuusalueeltasi.

Vaurastumisestasi on tehtävä prioriteetti, joka ajaa muiden asioiden edelle, ainakin toistaiseksi. Lopulta

> *Mikäli et tee tässä kirjassa kuvattuja toimenpiteitä itsesi kehittämiseksi myöskään sijoitusvarallisuutesi tuskin muuttuu juuri nykytilanteesta.*

kyse on siitä, haluatko enemmän vauraaksi ja rikkaaksi vaiko ostaa turhia tavaroita ja ehkä näyttää varakkaalta. Lopeta turhien tavaroiden ostaminen ja haaliminen. Sen sijaan keskitä energiasi säästämään ja sijoittamaan ylimääräiset rahasi mahdollisimman

Opas rikkaaseen elämään

tehokkaasti. Aseta itsellesi suuret *taloudelliset tavoitteet*, jotka pistävät sinut työskentelemään entistä kovemmin.

Mitä aikaisemmassa vaiheessa elämääsi saavutat 100k merkkipaalun, sitä paremmassa asemassa olet. 30-vuotiaana 100k sijoitusvarallisuus on jo huomattava saavutus. Useimmilla on tässä elämänvaiheessa velkaa enemmän kuin varallisuutta. 50-vuotiaana 100k ei kuulostakaan enää kovin suurelta saavutukselta. Huomaa, että tässä yhteydessä tarkoitetaan

> *Mitä aikaisemmassa vaiheessa elämääsi saavutat 100k merkkipaalun, sitä paremmassa asemassa olet.*

nimenomaan sijoitusvarallisuutta, ei asuntovarallisuutta. Voit asua vaikka millaisessa linnassa, mutta mikäli sijoitusvarallisuutesi on lähempänä 0€:a kuin 100 0000€:a et ole vielä saavuttanut merkkipaalua. Omistusasuminen on pitkällä aikavälillä taloudellisesti järkevää, mutta älä sorru huijaamaan itseäsi uskottelemalla oman asunnon olevan sijoitus.

7   21 VIHJETTÄ VAURASTUMISEEN

1. Tee tavoitteestasi kirjallinen
Tavoitteen kirjoittaminen paperille muuttaa haaveilun suunnitelmaksi. Haastavien tavoitteiden määrittäminen antaa elämällesi suunnan. Ilman tavoitteita et voi päästä sinne minne haluat.

2. Seuraa tavoitteiden edistymistä
Osa hauskuudesta on saavuttaa tavoitteensa. Tavoitteiden edistymistä tulee siis seurata. Rahan suhteen kaikki on helppoa kun käytetään yksinkertainen ynnäys onnistuu. Tästä saat helpon yhden prosenttiluvun kuvaamaan tämänhetkistä tilannetta, katso lisää rikkaaksi.fi –sivuston exceleistä mallia.

2. Ole valmis tekemään uhrauksia
Tänään tekemäsi uhraukset ovat mielekkäitä jos *miksi* on tarpeeksi vahva. Olet valmis uhrauksiin kun tiedät mikä on lopputulos pitkällä tähtäimellä. Jotta voisit olla erilainen kuin kaikki muut sinun on tehtävä eri asioita kuin kaikki muut. On olemassa sanonta, että mikäli teet helppoja asioita elämäsi tulee olemaan vaikeata. Toisaalta mikäli teet vaikeita asioita, elämäsi tulee olemaan helppo.

3. Tee kuten saarnaat
Älä sorru ansaan, että toistelet mitä muiden kannattaisi tehdä ja teet itse aivan eri asioita. Elä kuten opetat.

4. Kohtele muita ihmisiä kunnioittavasti

Näin varmistat, että sinua kohdellaan samoin. Töykeällä käytöksellä aiheutat lopulta ongelmia vain itsellesi. Auta muita saavuttamaan tavoitteensa ja saavuta samalla omasi. Business – suhteissa pyri ensisijaisesti win-win –tilanteisiin, ei pelkän oman edun ajamiseen. Ajattele pitkällä tähtäimellä.

5. Seuraa menojasi

Parasta on tehdä selkeä exceltaulukko kiinteistä menoeristäsi. Homman ei tarvitse olla tiedettä, tarkoitus on ymmärtää mihin rahaa kuluu ja mistä on mahdollista vielä nipistää. Parasta menojen karsimisessa on, että jokainen säästetty euro tulee 100%:sti sinulle. Saat jokaisen säästetyn euron lisättyä sijoituksiisi.

6. Muuta edullisemman elinkustannuksen maahan

Vähemmällä saa enemmän. 800€/kk passiiivisella nettotulolla elää Suomessa juuri ja juuri. Miksi tekisit näin? Kun tulot eivät ole paikasta riippuvaisia koettaa mahdollisuus vapauteen. Mikset asuisi esimerkiksi muutaman vuoden Bulgariassa, Itä-Saksassa tai Turkissa. Selvitä mikä on sinun vaihtoehtosi ja nopeuta vapautesi saavuttamista.

Bruttona ovat esimerkiksi osakesalkusta noin 1000€/kk tarvittava tulo. 4% osingoilla tarvittava salkun koko on tällöin 300 000€. Parasta mikäli vielä saat jatkuvasti säästöön pienen summan. Samoin osakkeilla on taipumus tuottaa vuosien mittaan osingon lisäksi arvonnousua. Tekemättä mitään saat jatkuvasti palkankorotuksia yhtiöiden tulosten kasvaessa ja edelleen osingonmaksun kasvun kautta. Mahdollisesti voit palata muutaman vuoden jälkeen suomeen 500 000€ salkun kanssa ja elää vaihteeksi kotimaassa.

7. Tarkista kuittisi

Turhan usein esimerkiksi ruokakaupan -50% tuotteet jäävät täysihintaisiksi. Nopea vilkaisu *kauppakuittiin* kertoo tilanteen helposti. Käytännössä alehintaiset tuotteet kannattaa laittaa järjestelmällisesti esimerkiksi viimeiseksi hihnalle, tällöin kuitin tarkistaminen käy käden käänteessä.

8. Pidä polkupyörä kunnossa

Mikäli polkupyöräsi kumi on puhki, korjaa se pikimmiten. Mikäli pyörä ei ole lähtövalmiina nousee kynnys käyttämiseen liian suureksi. Pidä pyörä aina lähtövalmiina niin lyhyet matkat varsinkin kesäaikaan taittuvat huomattavasti mukavammin kuin autolla. Säästät luontoa ja rahaasi.

9. Tee se itse

Mikäli kotisi vaatii pientä kunnostusta tai auto pientä remonttia, tee se itse. Älä vain tyydy helpoimpaan ratkaisuun ja vie auto huoltoon vian ilmaantuessa. Mikäli et koskaan suostu edes miettimään asiaa alkua pidemmälle olet lopulta täysin *"kädetön"*. Monet kodin remontit tekee myös itse usein jopa nopeammin kuin teettämällä työn ammattilaisilla, jolloin työn jäljen valvonta jää kuitenkin tilaajalle.

10. Lopeta tupakointi

Ja mikäli et polta, älä vain aloita. Tupakoinnista on useita suoria rahallisia vaikutuksia, tupakoiden ostaminen esimerkkinä. Epäsuorat vaikutukset ovat myös huomattavia. Kuvittele tilanne, että olet myymässä autoasi tai asuntoasi. Olet polttanut sisätiloissa ja lopputuloksena varsinkin tupakoimattoman nenään "haiskahtaa", joka on monille täysi "turn off". Lyhyesti asunnon ja auton arvo laskee kun tuote haiskahtaa tupakalle.

11. Keho kuntoon

Pidä terveydestäsi aina hyvää huolta. Älä päästä kehon temppeliä ruostumaan; lenkkeile, syö terveellisesti ja lepää riittävästi. Perusasioita. Säästö tulee myöhemmin lääkärikulujen muodossa, kun pidät terveytesi aina hyvänä todennäköisyys ongelmien ilmaantumiselle on pieni. Kyse on todennäköisyyksiin vaikuttamisesta, tietysti voit saada vaikka minkä taudin vaikka eläisit koko elämäsi täysin terveellisesti.

12. Lainaa

Lainaa ostamisen sijaan. Esimerkkinä kirjaston kirjat, kaikkea ei tarvitse omistaa, saat usein samat kirjat pienellä odottamisella kirjaston kautta. Ostetut kirjat vievät lisäksi tilaa

13. Kysy ensin kaverilta

Ennen kuin teet tuotteen ostopäätöksen, kysy kaverilta josko hän lainaisi tai myisi omansa. Esimerkkinä kuntopyörä tai muu kestotuote, joka hankinnan jälkeen jää lojumaan käyttämättömänä huoneen nurkkaan.

14. Tarjoa apuasi muille

Ideana on auttaa muita ja tulla myöhemmin autetuksi. Samalla pidät yllä sosiaalisia suhteitasi, joten lähtökohtaisesti kyseessä on todellinen win-win –tilanne.

15. Lue

Opas rikkaaseen elämään

Lukemalla opit uusia asioita ja saat uusia ajatuksia, jotka tekevät sinusta entistä osaavamman. Esimerkiksi verotusta opiskelemalla voit optimoida verotustasi sinulle edulliseen suuntaan.

16. Käyttäydy asiallisesti liikenteessä
Mikään ei ole turhauttavampaa kuin turhien ylinopeussakkojen tai parkkisakkojen saaminen. Ikävä muistutus, joka nykyisin tuntuu huomattavasti myös lompakossa sisäministeriön nostettua sakkorangaistuksista maksettavaksi lankeavaa maksua.

17. Muista tinkiä
Kuinka monta kertaa olisit neuvotellut itsellesi paremman hinnan vain pyytämällä alennusta? Toisilla tämä on tapa ja toisilla ei. Ei ole törkeää pyytää alennusta mistä tahansa tuotteesta. Okei, kaupan kassalla on turha pyytää alennusta kun kauppa on optimoinut toimintonsa. Mitä tulisi kaupassakäynnistä jos joka toinen kysyisi alennuksia perunoista ja banaaneista? Muista mitä suuremmasta ostoksesta on kyse, sitä suurempia summat ovat.

18. Töissä tee töitä
Tämä yksinkertaiselta kuulostava vaurastumisen vihje on itse asiassa yksi parhaista vinkeistä. Kun olet mahdollisimman hyödyllinen työpaikallasi ja saat tuloksia aikaan lorvailun sijaan, on parempi paikka ja palkka lähes taattu. Älä siis lorvaile muiden lorvailijoiden kanssa, vaan käytä jokainen tunti ja minuutti työn tekemiseen.

19. Pukeudu siististi
Mökillä, jossa olet omissa oloissasi voit pukeutua juuri kuten haluat. Muiden ihmisten seurassa on syytä laittaa siistimpää päälle kuin ne takapuolesta revenneet lempifarkut. Tarkkaile esimerkiksi

bussissa tai junassa eri henkilöitä, kuinka paljon teetkään oletuksia toisten ulkonäön perusteella! Älä koskaan unohda, että muut arvostelevat sinua samoin.

20. Älä heitä ruokaa roskiin

Lapsiperheessä jää uskomaton määrä puolittaisia lautasia syömättä, jotka useimmiten kipataan roskiin tuntematta sääliä. Miksi kippaat hyvää ruokaa roskiin jos se on sattunut olemaan jääkaapissa esimerkiksi päivän tai ehkä kaksi? Mikset säästä luontoa ja rahojasi laittamalla ruuat mikroon ja *"uhrautumalla"*. Muista, jos opetat lapsiasi että kaikkea on syötävä, elä myös itse kuten saarnaat.

21. Luovu turhista asteista

Älä turhaan pidä kotona +25 asteen lämpötilaa pitkin talvea. 20:nnen asteen lämpötila on useimmissa tapauksissa aivan riittävä sisälämpötila talviaikaan, myös terveellisempi kun ilmaa ei kuivateta enempää kuin on tarve. Limakalvot pysyvät parempina ja ilma terveellisempänä kun tyydytään matalempaan sisälämpötilaan.

8 TUTKIMUS RAHASTA

Talousblogistien rahakysely
Kysely kohdennettiin yhteensä yhdeksälletoista valikoidulle talousblogin pitäjälle.  Talousblogilla tässä yhteydessä tarkoitetaan aktiivisesti sijoittamisesta, säästämisestä ja siihen liittyvästä kirjoittajasta. Kysely toteutettiin nimellä *"Rahakysely"* Tutkimuksen toteutus kesällä 2016.

Vastauksia saatiin 32%, yhteensä kuusi (6) kappaletta. Kyselytutkimus oli luonteeltaan hyvin yksinkertainen ja useat vastausvaihtoehdot koostuivat valmiista valintavaihtoehdoista.

Tulokset olivat jopa näin pienestä aineistosta käsin hyvin mielenkiintoiset. Voit tutustua suoraan tuloksiin alla olevien kuvien avustuksella. Loppuun on kerätty lisäksi anonyymejä kommentteja vastaajilta.

Rahaan liittyvä kyselytutkimus suomalaisille talousaiheista bloggaaville sivustojen ylläpitäjille.

Kyselyyn vastaamisen voit tehdä omalla nimelläsi tai pelkällä nimimerkillä. Vastaukset käsitellään anonyymeinä, eikä yksittäisten vastaustaajien identiteettiä ole mahdollista ulkopuolisten selvittää.

Vastaukset tallentuvat www.rikkaaksi.fi - sivuston serverille. Kyselytutkimuksen tulokset

Opas rikkaaseen elämään

julkaistaan kaikkien vastanneiden kesken. Tarkoituksena on kerätä yleistä näkemystä raha-asioista netin asiantuntijoilta. Otoksen koko on riittävä määrittämään yleistä näkemystä talousblogistien keskuudessa. Kyselyyn vastaaminen vie 5...10 min aikaasi.

Rikkaaksi.fi -sivusto toivoo, että vastaamalla voit jäsentää myös omaa ajatteluasi rahankäytön ja taloudellisen riippumattomuuden suhteen. Kyselyn tuloksista saat myös vertailunäkökulmaa mitä muut ajattelevat.

Kiitos osallistumisesta!

t. Petteri
www.rikkaaksi.fi

ps. Olet myös vapaa jakamaan linkin kyselyyn sijoitusbloggaajaystävällesi. *Linkki* *kyselytutkimukseen. Kysely ei ole tiukkapipoinen analyysi, enemmän selvitys samanhenkisten ihmisten ajatuksista rahasta ja taloudellisesta riippuvuudesta. Toivoakseni opimme kyselystä kaikki!*

Taloudellinen riippumattomuus = Henkilön sijoitusvarallisuudesta saatavat tulot riittävät kattamaan elämisen kulut. Kts. tarkempi määrittely esimerkiksi Wikipediasta, Financial Independence.

8.1 Kyselytutkimuksen kysymykset

Kysymykset

1. Vastaajan tiedot
2. Kuinka paljon on sijoitusvarallisuutesi arvo?
3. Arvostavatko ihmiset yleisesti mielestäsi rahaa riittävästi?
4. Ominaisuuksien arviointi kun tavoitteena on taloudellinen riippumattomuus
5. Millaisella sijoitusvarallisuudella koet, että taloudellinen riippumattomuus toteutuu kohdallasi?
6. Mistä seuraavista saat pääomatuloja?
7. Kumpi on mielestäsi tärkeämpää?
8. Kuinka monta vuotta sinulta vie saavuttaa taloudellinen riippumattomuus? (Oma arvio.)
9. Mikä on pääasiallinen peruste taloudellisen riippumattomuuden tavoittelemiseksi kohdallasi? (ts. rahan ja sijoitusvarallisuuden kerryttämiseksi.)
10. Vapaamuotoiset kommentit

8.2 Kyselytutkimuksen vastaukset

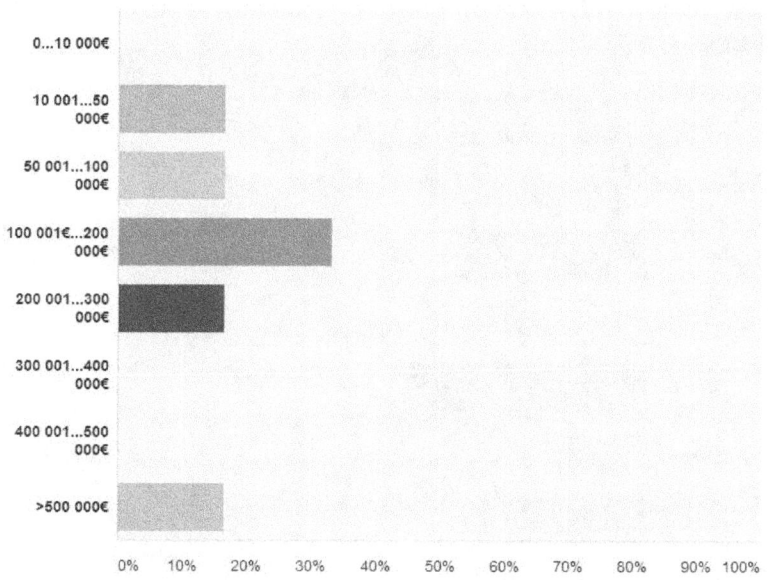

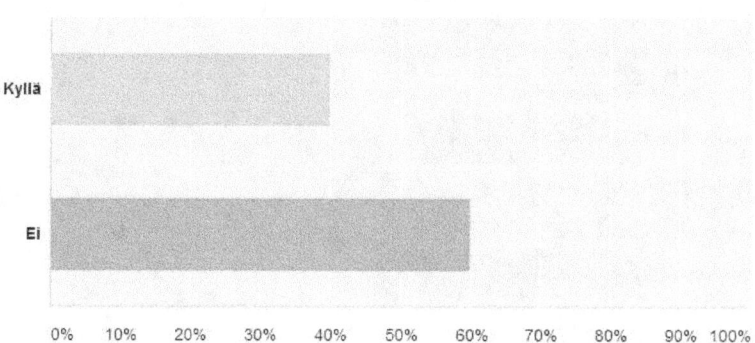

Opas rikkaaseen elämään

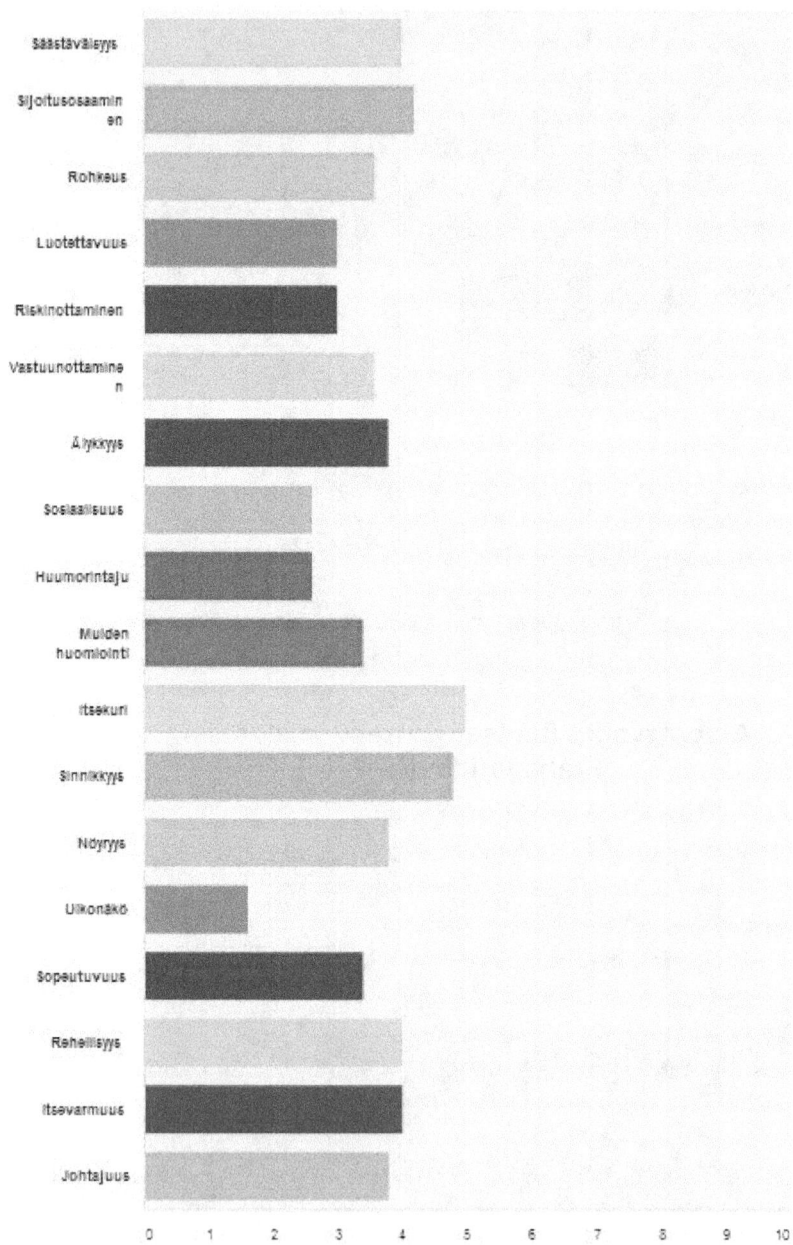

Opas rikkaaseen elämään

Millaisella sijoitusvarallisuudella koet, että taloudellinen riippumattomuus toteutuu kohdallasi?

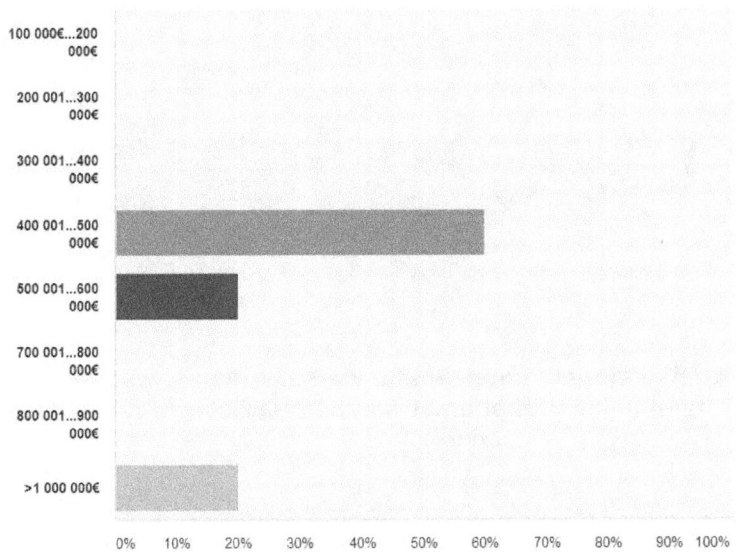

Mistä seuraavista saat pääomatuloja?

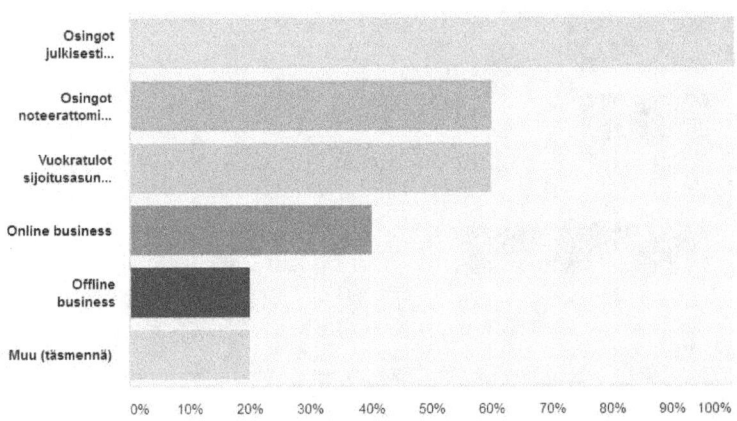

Opas rikkaaseen elämään

Kumpi on mielestäsi tärkeämpää?

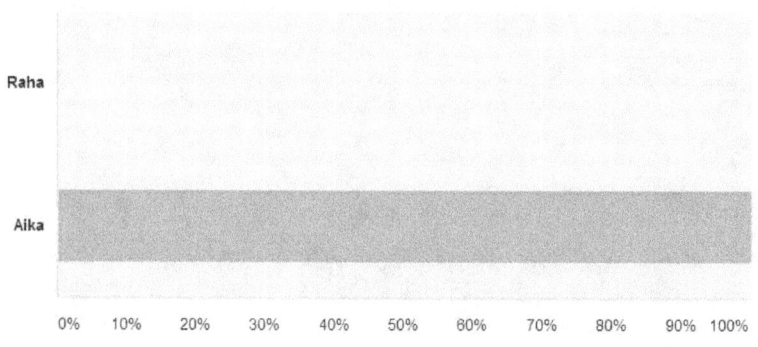

Kuinka monta vuotta sinulta vie saavuttaa taloudellinen riippumattomuus? (Oma arvio.)

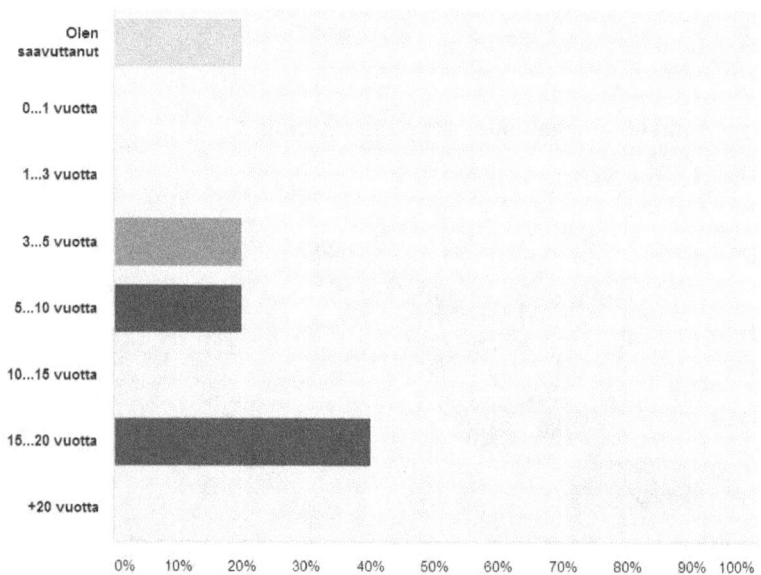

Vapaamuotoisia kommentteja ja vastauksia pääosin kysymykseen numero yhdeksän:

Opas rikkaaseen elämään

"Ihmiset juoksevat rahan perässä, mutta useimmat eivät käytä sitä järkevästi."

"Jättäytyä pois päivätyöstä (mikäli niin haluan) ja keskittyä omaehtoiseen työskentelyyn ja vapaa-aikaan."

"Omalla kohdallani olen periaatteessa jo nyt taloudellisesti riippumaton, mutta teen edelleen töitä yrittäjänä."

" Hyvä kysymys! Tietyllä tavalla minuun on jo lapsesta lähtien iskostettu käsite riippumattomuudesta, oma isäni on aina korostanut (taloudellisen) riippumattomuuden merkitystä. Eli geeneissä tämä on varmaan minulle tullut."

"Ihan hauska kysely, olisin voinut vastata useampaankin kysymykseen! =)"

"Kovalla työllä ansaitulla rahalla ostetaan helposti hetken mielijohteesta esim. tavaroita, joita ei oikeasti tarvitse, kun vastaavasti rahan voi laittaa myös tekemään työtä puolestaan."

"Mitä aiemmin aloittaa sijoittamisen, sitä enemmän on aikaa kerryttää omaisuutta."

" Vapaus tehdä mitä haluaa, eikä ole riippuvainen pelkästä työnteosta."

9 RIKKAIDEN KUUSI SALAISUUTTA

Seuraavassa useampi "salaisuus", joilla kehität ajatteluasi sisältämään samoja elämenttejä kuin rikkailla. Nyt on aika päästä eroon köyhän mentaliteetistäsi ja suunnata kohti uusia tuulia. Loppujen lopuksi salaisuudet ovat suurelta osin maalaisjärkeä muutamilla vivahteilla lisättynä.

1. Ajatusmaailma

Kaikki alkaa siitä miten ajattelet. Jokaista tekoa edeltää ajatus teosta. Aivan perustoiminnoissa, jotka saattavat olla suurelta osin tiedostomattomia. Heräät aamulla, ajatus on syödä aamiainen ja hetken päästä syöt aamiasta.

Älä ajattele pelkästään rahan tekemistä. Raha tulee kun ensin muutat ajatuksiasi. On olemassa sanonta *"First you have to be, only then you can have."* Tarkoittaen, että ensin sinun on opittava ajattelemaan oikealla tavalla, raha seuraa myöhemmin mukana. Keskitä ajattelusi itsesi kehittämiseen ja uusien taitojen oppimiseen.

Jos olet niitä henkilöitä, jotka aina sanovat asioiden huonon puolen; *"Tuo ei tule onnistumaan!"* niin lopputulos on juuri kuten ajattelet, et tule onnistumaan. Kokeile vaihtaa ajatukset positiivisiksi ja näet mahdollisuuksia ympärilläsi.

2. Suuntaa tulevaisuuteen

Henkilöt, jotka jatkuvasti voivottelevat vanhoja eivät pääse elämässään eteenpäin. Mikäli pahoitat jatkuvasti mielesi viisi vuotta sitten tapahtuneesta et ole päässyt siitä ylitse. Esimerkki, manaat päivittäin henkilöä joka antoi sinulle potkut. Kyseenalaista ajattelusi ja suunta tulevaisuuteen. Mene ylitse vanhoista asioista!

Lyhyesti, opi menneistä ja jätä ne taaksesi. Menneisyydestä pidät vain lämpimät muistot ja opit virheistä. Kaiken muun jätät sikseen. Suuntaa katse tulevaisuuteen!

3. Ole hyödyksi muille

Toisin sanoen, älä ole vaivaksi muille. Yksinkertaistaen, voit olla hyödyksi tai vaivaksi muille henkilöille. Ei ole mitään hyötyä käyttää päiväänsä toisten "*kiusaamiseen*" ja yrittää hyötyä muiden kustannuksella.

Kun teet hyviä tekoja muille, asetat itsesi asemaan jossa muut tekevät samoin sinulle. Tämän vuoksi auta mahdollisimman montaa läheistäsi, ystävääsi ja kolleegaasi päivittäin.

4. Koulutus

Jatkuva opiskelu läpi elämän, kiinnostuminen uusista asioista ja tiedonhaku ovat taitoja, joita tarvitaan nyt ja tulevaisuudessa. Elämme *informatioaikaa*, tietoa on tarjolla sekä saatavissa enemmän kuin koskaan aiemmin ihmiskunnan historiassa.

Formaali koulutus ei sinällään riitä ja useat taidot ja osaaminen vanhenee nykyään nopeammin kuin arvaammekaan. Opiskelu taitojen osalta on jatkuvaa ja tulee jatkumaan sellaisena. Älä koskaan lopeta oppimista!

5. Raha

Oletan ajattelusi kulkevan syy-seuraus -suhteessa seuraavasti. *"En ole onnellinen nyt koska minulla ei ole tarpeeksi rahaa. Tullakseni onnelliseksi minun on saatava lisää rahaa ja vaurautta."*

Todellisuus on, että suurikaan rahamäärä ei tee onnelliseksi mikäli muut asiat eivät ole elämässä kohdallaan. Vaikka sinulla olisi kymmenen miljoonaa euroa voit silti olla, huumorintajuton, tylsä, ilman ystäviä, väsynyt ja mitä tahansa muuta negatiivista. Tällöin et ole rikas sanan varsinaisessa merkityksessä.

Ajatus rahasta liittyy siihen, että se annetaan sinulle kun olet *"valmis"*. Esimerkiksi kun toimit yrityksessäsi niin, että muut haluavat olla partnereitasi ja tehdä kauppaa kanssasi jatkuvasti ei raha tule olemaan ongelma.

Vinkki: Ajattele rahaa työkaluna. Työkaluna, jolla voi rakentaa esimerkiksi pienen yrityksen alkuun. Raha rakentaa yhteiskunnan, rakennukset, autot ja kaiken muunkin. Raha menee sinne missä sillä on suurin tarve olla. Sinä hallitset pientä osaa tästä rahasta elämäsi aikana. Mieti kaikkea mihin olet laittanut rahaa kiertämään. Asunto, autot, käyttötavarat, sijoitukset...

6. Tunne voimavarasi

Ajattelusi, taitosi, ystäväsi, perheesi, hymysi ja kaikki muu voivat olla sinun voimavarojasi kohti rikkauksia. Lähtökohtia, joista ponnistat ylöspäin. Tunnista nämä voimavarasi mitä ne ikinä ovatkin, minä en voi niitä kertoa. Kirjoita ne muistikirjaasi ylös.

Esimerkki tietokoneesta. Tämä voi olla sinulle negatiivinen tai positiivinen voimavara. Mikäli käytät sitä vain mielesi ruokkimiseen viimeisimmillä juoruilla ja tuhlaat aikaasi on tietokone lähinnä negatiivinen kapistus sinulle. Toisaalta on mahdollista käyttää tietokonetta esimerkiksi lisätulojen ansaitsemiseen. Yritystoiminnassa sähköpostiliikenteen hallinnointiin, sijoitustoiminnassa osakevälittäjän kanssa kauppojen tekemiseen ja moneen muuhun hyödylliseen josta saat passiivisia tai vähemmän passiivisia tuloja.

Sama koskee älykännyköitä, mieti taas mihin oikein käytät kännykkää. Roikutko facebookissa koko päivän? Saatko mitään hyödyllistä aikaan?

10 POIMINNAT

"Rahapelin" säännöt on osattava, jotta voisit pelata peliä.

Asenne rahaa kohtaan on oltava kohdallaan.

Miltä tuntuisi tehdä vaihtokauppa kymmenestä vuodesta elämääsi esimerkiksi 100 000€:a vastaan?

Mikäli sinulla ei ole suuntaa elämässä etkä ole päättänyt mitä haluat saavuttaa et koskaan pääse pitkälle.

Vain hyvin harvalla ihmisellä on selkeät kirjatut tavoitteet elämässä.

Jos et ota ohjaksia käteesi, joku muu ottaa ne varmasti. Joku muu ohjaa sinua omien tavoitteidensa saavuttamiseksi.

Aika on rahaa paljon arvokkaampaa, paina se päähäsi.

Jotta yksi voi olla rikas täytyy suuren joukon muita olla köyhiä.

"Olen kirjani koulussa lukenut se riittää." –ajattelu

Opas rikkaaseen elämään

Keskiluokka etsii mahdollisimman mukavaa, helppoa elämää.

Keskiluokasta on hyvät mahdollisuudet aloittaa varallisuuden huima kerryttäminen.

"Omaa kannattaa aina maksaa." – lause, jonka kuulee keskiluokkaan kuuluvan henkilön suusta.

Raha ostaa lopulta ajan itselle. Varakkaat arvostavat yleisesti aikaa enemmän kuin mitään muuta.

Omien mielihalujen pidättelystä on tultava tapa.

Jotta voisit tehdä jotain muuta mitä et vielä tee sinun on luovuttava jostain mitä teet.

Vanhan käyttöauton saa hintaluokassa 1000...5000€.

Lopeta turhien asioiden seuraaminen ja tee päätös keskittyä sinulle tärkeisiin asioihin.

Varakkaat käyttävät vaatteensa, autonsa ja kaiken muunkin loppuun ennen kuin alkavat päivityskierrokselle.

Sinulla on enemmän kuin tarpeeksi. Haasteena ei ole enää raha ja sen määrä. Elämän haasteet liittyvät siihen mitä tämä kaikki raha on tehnyt sinusta.

Opas rikkaaseen elämään

Osakkeita on äärimmäisen helppo omistaa ja säilyttää. Samoin osingot saapuvat tilille jopa täysin huomaamattomasti.

Asunnoissa voitto tehdään ostaessa.

Laskurin hinta 2€ on 0.002%:ia 100 000€ sijoitusasunnon hinnasta. Kysy itseltäsi oletko kenties säästämässä väärästä paikasta?

Internetin taikasana on automatisointi.

Palkan huono puoli sen sijaan on, että sinä olet moottori joka pitää koneen käynnissä.

Frugal, frugal, frugal kuvaa parhaiten miljonäärejä.

Mikäli et tee tässä kirjassa kuvattuja toimenpiteitä itsesi kehittämiseksi myöskään sijoitusvarallisuutesi tuskin muuttuu juuri nykytilanteesta.

Mitä aikaisemmassa vaiheessa elämääsi saavutat 100k merkkipaalun, sitä paremmassa asemassa olet.

11 SIJOITUSTENI KERTYMINEN

Yksi hauskimmista asioista on oman sijoitusvarallisuuden kertymisen seuranta. Internetissä osa henkilöistä haluaa tehdä kaiken julkiseksi, joka osaltaan sitouttaa tavoitteen eteen ponnistelemiseksi vielä enemmän.

Seuraavassa on tarjolla sinulle oma henkilökohtainen lista oman sijoitusvarallisuuden kertymisen seuraamiseksi. Väitän, että tämä tulee olemaan todella hauskaa kunhan vain pääset ensin alkuun ja eteenpäin ensimmäisistä askelista.  Tyhjät rivit edustavat ajatuksiasi ja ideoitasi miten voisit päästä aina seuraavalle askelmalle, eteenpäin. Hauskuus tulee siinä, että kuukausien ja vuosien päästä voit seurata mitä oikein ajattelin kun tavoittelit esimerkiksi ensimmäistä 1000 €:n sijoitusvarallisuutta. Mihin oikein sijoitit ja mitä haasteita matkalla mahdollisesti oli.

Olen rakentanut portaat ensimmäisen sadantuhannen euron sijoitusvarallisuutta silmällä pitäen. Samaa tyyliä voit edelleen jatkaa tavoitellessasi suurempia summia. Muista ensimmäinen 100 000 € on kaikista vaikein. Seuraava 100 000 € tulee jo paljon helpommin.

Suosittelen, että kirjaat tyhjille riveille tavoiteaikataulujasi, koska saavutit kyseisen askelman, yms. Edelleen voit laskea esimerkiksi sijoitusvarallisuuden summat, jotka kuvastavat kohdallasi taloudellista turvallisuutta ja riippumattomuutta.

Opas rikkaaseen elämään

Opas rikkaaseen elämään

10 000 €

Opas rikkaaseen elämään

Opas rikkaaseen elämään

30 000 €

Opas rikkaaseen elämään

40 000 €

Opas rikkaaseen elämään

50 000 €

Opas rikkaaseen elämään

60 000 €

Opas rikkaaseen elämään

70 000 €

Opas rikkaaseen elämään

80 000 €

Opas rikkaaseen elämään

90 000 €

Opas rikkaaseen elämään

100 000 €

12 RAHANTEKOIDEOITANI

"Making money is a hobby that will complement any other hobbies you have beatifully." – Scott Alexander

Sinun tulee alkaa kerätä *rahantekoideasi* (business ideas) talteen. Miettimällä esimerkiksi joka päivä 15 minuuttia uusia ideoita rahan ansaitsemiseksi jossain vaiheessa saat yhden hyvän ajatuksen. Tämä yksi hyvä idea riittää usein, tee suunnitelma millä toteutat tämän idean ja lähdet toteuttamaan.

Minun ideani oli aikoinaan lähteä kirjoittamaan sähköisiä kirjoja. Vanhat painetut kirjat menettävät jatkuvasti menekkiään ja sähköiset kirjat lisäävät suosiotaan. Tiedän, että moni muu on jo saanut saman idean aiemmin. Uskoakseni löydän riittävän markkinan, jotta saan käyttämälleni ajalle korvauksen. Helppoa tämä ei ole tähän asti ollut, monta kertaa olen joutunut negatiivisten ajatusten kehään: *"Ei tästä mitään businesta saa aikaan..."* –tyyppiset ajatukset on vain katkaistava ja jatkettava omaa tekemistä, tässä tapauksessa kirjoittamista.

Sinun tehtäväsi on kuitenkin kirjoittaa tämän kirjan tulostettuun (muista booklet) versioon talteen parhaat rahantekoideat. Vaihtoehtoisesti mikäli olet omaksunut kauppaamani muistikirja –konseptin haluat ehkä kerätä ajatuksesi sinne talteen.

Ole hyvä, nyt on sinun vuorosi täyttää seuraavan sivun tyhjät rivit. Muista ajatteleminen on raskasta, mutta raskaasta työstä toisaalta maksetaan parhaiten. Yksi erinomainen idea saattaa tehdä sinusta miljonäärin!

Opas rikkaaseen elämään

RAHANTEKOIDEANI

Opas rikkaaseen elämään

Opas rikkaaseen elämään

13 LUKEMISTA

Kirjoja, joista olen itse kerännyt ajatuksia ja ymmärrystä rahaan liittyen. Klikkaamalla kirjan kuvaa pääset suoraan Amazon –kirjakaupan sivustolle. Mikäli ostat tuotteen näiden linkkien kautta saan tämän kirjan kirjoittaja saa pienen Affiliate tuoton. Kiitos.

Opas rikkaaseen elämään

Opas rikkaaseen elämään

14 LIITTYVÄT TUOTTEET

14.1 Sijoitusasuntolaskuri

Sijoitusasuntolaskuri excel -muodossa

Valmis laskuri asuntosijoittajalle. Paranna tuottojasi ja minimoi riskit!

Ominaisuuksia

- Automatisoitu rahoituslaskelman tulostaminen PDF -muotoon
- Automatisoitu ostotarjouus PDF -muotoon
- Valmiit helppokäyttöiset alasvetovalikot
- Tunnuslukujen laskenta
- Kassavirtalaskelmat

Täydellinen työkalu varsinkin aloittelevalle asuntosijoittajalle!

https://payhip.com/b/syFo

14.2 Alennuskoodi

Tämän kirjan ostajana olet oikeutettu käyttämään henkilökohtaista alennuskoodia kaikkiin payhipin kautta tarjoamiini tuotteisiin. Käytä etu hyväksesi ja säästä -20% tuotteiden ostohinnoista.

20% off all products

Code: 3E5ULG8CTE

15 KIRJA-ARVOSTELU JA AFFILIATE

15.1 Kirja-arvostelu

Älä unohda arvostella ostamaasi tuotetta! Mahdollinen negatiivinen palautteesi otetaan kehitysehdotuksena kirjan seuraavaan versioon. Mikäli palautteesi on erityisen rakentava Petteri Kallio & Co lupaa lähettää sinulle kirjan seuraavan version antamaasi sähköpostiosoitteeseen täysin ilmaiseksi.

Arvostelun voit tehdä Amazon –kirjakaupan kautta tai lähettämällä sähköpostia info@rikkaaksi.fi . Kiitos palautteestasi.

15.2 Affiliate –ohjelma

Sinun on myös mahdollista ansaita tämän kirjan suosittelemisesta jopa 50% myyntituloista. Ei huono sopimus? Liity mukaan rekisteröitymällä Payhip Affiliate –ohjelmaan seuraavasta linkistä.

16 VIDEOVINKIT

Seuraavassa ajatuksiani videoista, joista tämän kirjan kohdeyleisö on kiinnostunut. Klikkaamalla kuvaa pääset Youtube – videosivustolle katsomaan videot.

Linkkien päiväys 15.07.2016.

Jim Rohn Learn These Skills or Live a Mediocre Life Full Seminar From 1981

Opas rikkaaseen elämään

10 Secrets to Achieve Financial Success

How To Use a Journal Properly - FULL audio by Jim Rohn

Active Income vs. Passive Income: Are You Working For The Wrong Income?

Jim Rohn - Increasing your value

Opas rikkaaseen elämään

I Will Fear No Evil - Best of Les Brown

LIVE YOUR LIFE OVER - MOTIVATIONAL VIDEO

17 LÄHTEET

/1/ *Millionaire next door, erinomainen läpileikkaus miljonäärin viitekehykseen*

/2/ *Multiple Streams of Income, ajatuksia monista tavoista tehdä rahaa*

/3/ *Fastlane Millionaire, yrittäjyysajattelu, paras yrittäjyyden ajatuksia sisältävä kirja*

/4/ *Suomalaiset ja ulkomaiset säästämiseen ja sijoittamiseen keskittyvät blogit, kiitos kaikille teille jotka olette herätelleet omia ajatuksiani*

18 EXCELIT

Payhip –palvelun kautta ostaessasi saat kirjan mukana <u>ilmaiseksi</u> useita exceleitä, joilla voit hyödyntää oman taloutesi ylläpidossa.

Mikäli olet ostanut kirjan Amazon –palvelun kautta sinun on mahdollista ladata excelit käyttöösi <u>ilmaiseksi</u> seuraavasta osoitteesta:

<u>https://payhip.com/petterikallio</u>

19 MUISTIINPANOJA

Tarkoitus ei ole täyttää kirjan sivuja pelkillä tyhjillä riveillä tai lisätä kirjan pituutta (en usko että kirjan sivumäärä sinällään edes myy), vaan johdattaa sinut käyttämään *muistikirjaa*. Tästä on hyvä aloittaa mikäli olet ymmärtänyt tulostaa kirjan ohjeiden mukaan. Katso *lukijalle* –kappale kirjan alusta.

Opas rikkaaseen elämään

Opas rikkaaseen elämään

Opas rikkaaseen elämään

20 LIITTEET

Liite I – Osakesäästäjän huoneentaulu

Liite II – Asuntosijoittajan huoneentaulu

Liite III – Rahastosäästäjän huoneentaulu

Liite IV – Lottovoittajan huoneentaulu

OSAKESÄÄSTÄJÄN HUONEENTAULU

Osta seuraavia:

1. Coca-Cola Company (KO)
2. Exxon Mobil Corporation (XOM)
3. Johnson & Jonhson (JNJ)
4. Chevron Corporation (CVX)
5. Pepsico Inc (PEP)
6. Wells Fargo & Company (WFC)
7. Visa Inc (V)
8. Philip Morris International Inc (PM)
9. Procter & Gamble Company (PG)
10. Fortum Corporation (FUM1V)
11. Walt Disney Company (DIS)

Älä osta mitään muuta.

ASUNTOSIJOITTAJAN HUONEENTAULU

1. Aloita yhdellä asunnolla
2. Tarkkaile vuokranmaksua
3. Tarkista luottotiedot
4. Ymmärrä remonttitarve
5. Velkavipua hallitusti
6. Mitä pienempi, sitä parempi
7. Taloyhtiön tilinpäätös
8. Pintaremontti massojen tyyliin
9. Muista vuokrankorotukset
10. Sinä määräät, ei vuokralainen
11. Vuokralainen on asiakkaasi

RAHASTOSÄÄSTÄJÄN HUONEENTAULU

1. Vertaile rahastoja
2. Varmista rahaston kulut
3. Miksi ei suoria osakkeita?
4. Minimisijoitusaika
5. Vastapuoliriskin tunnistaminen
6. Rahaston riittävä koko
7. Varmista rahaston kulut
8. Ymmärrä rahaston filosofia
9. Rahaston historia
10. Oletus rahaston pysyvyydestä
11. Varmista rahaston kulut

LOTTOVOITTAJAN HUONEENTAULU

1. Älä osta mitään erityistä
2. Älä puhu voitosta kenellekään
3. Jatka työssäkäyntiä
4. Ymmärrä, että suomalainen on <u>aina kateellinen</u>
5. Hajauta voitto moneen paikkaan
6. Sijoita rauhallisesti ja maltilla
7. Miljoona on nopeasti tuhlattu
8. Lue >10 kirjaa sijoittamisesta
9. Älä hätiköi vieläkään
10. Pidä tunnemyrsky sisälläsi
11. Älä juhli juomalla kotisi ulkopuolella

$10 million lottery jackpot winner now lives paycheque to paycheque

www.ingramcontent.com/pod-product-compliance
Lightning Source LLC
Chambersburg PA
CBHW060350190526
45169CB00002B/553